光文社古典新訳文庫

存在と時間 4

ハイデガー

中山元訳

kobunsha classics

光文社

Title : SEIN UND ZEIT
1927
Author : Martin Heidegger

凡例

邦訳の底本としたのは Martin Heidegger, *Sein und Zeit*, Max Niemeyer Verlag, 1927 の第七版（一九五三年）であるが、第一七版（一九九三年）も適宜参照している。この原文のページ数を訳書の下段にゴチック体で示した。また、全集版の Martin Heidegger, *Gesamtausgabe*, Band 2, *Sein und Zeit*, Vittorio Klostermann, 1977 も参照した。全集版のページ数は訳書の上段にゴチック体で示した。

この訳書では、段落ごとに番号をつけ、それぞれに原文にはない小見出しをつけた。》《で囲まれた部分は「」で示し、イタリックは傍点で示した。〈〉で囲んだところは訳者の強調であり、［］で囲んだところは訳者による補足である。なお〈〉を、引用文中の「」の代用として使うこともある。（）で囲んだところは原文の文章である。また訳文は読みやすいように適宜改行している。
原注は節ごとに＊1のようにしてつけ、その後に訳注を（1）のようにつけた。ハイデガーの手沢本には、欄外に書き込みがあり、原文にはテクストの最後に付録として追加されており、底本では巻末にまとめて示している。この訳書ではこれらの書き込みは、訳注の一部として該当する場所につけ、冒頭に【欄外書き込み】と明記した。

なお、本文ならびに解説での引用文は、既訳のある場合も訳し直していることが多く、引用元の訳文と同じであるとは限らない。

『存在と時間　4』＊目次

存在と時間　4

第一部　時間性に基づいた現存在の解釈と、存在への問いの超越論的な地平としての時間の解明

第一篇　現存在の予備的な基礎分析

174

第五章　内存在そのもの

第二八節　内存在を主題とした分析の課題

365

準備段階の課題

現存在の実存論的な分析では、その準備段階において、現存在という存在者の根本的な機構である世界内存在を主導的な主題としている。この分析論がさしあたり目指

130

しているのは、現存在の存在のこの統一的で根源的な構造を現象的に浮き彫りにすることにある。この構造によって、現存在が「存在する」さまざまな可能性とそのありかたが、存在論的に規定されているのである。

これまでは、世界内存在を現象的に性格づける作業において、世界の構造的な契機を解明すること、そしてこの現存在という存在者が、その日常性において〈誰〉なのかという問いに答えることを目指してきた。ただしわたしたちが準備段階として、現存在の基礎的な分析の課題を初めて素描した際にも、内存在そのものを考察するための方向性があらかじめ示されていたのであり[*1]、その方向性は世界認識という具体的な様態にふさわしい形で証明されていたのである[*2]。

366　今後の課題

わたしたちがこのような根本的な構造契機をあらかじめ考察しておいたのは、最初から構造全体を一貫して見通すまなざしのもとに囲い込んだうえで、個々の構造契機を分析したかったからである。また、それによってこの統一的な現象が破裂したり、分裂したりすることを防ぎたかったからでもある。

これからの課題として重要となるのは世界について、および〈誰か〉についての問いを具体的に分析することで獲得された成果を確保しながら、内存在という現象へと解釈を戻すことである。この内存在という現象をこれからさらに深く考察してゆくが、それは世界内存在の構造の全体性を改めて、そしてさらに確実な形で、現象学的なまなざしのもとにもたらすためである。しかしそれだけではなく、現存在そのものの根源的な存在を把握するための道を切り拓くことが必要になるのである。この現存在そのものの根源的な存在とは、気遣いである。

175

367 等根源性の考察

しかし世界内存在について、「これまで確認されてきた」世界のもとでの存在（配慮的な気遣い）、共同存在（顧慮的な気遣い）、自己存在（誰か）のあいだの本質的な関連《ベッツーク》のほかに、さらに何を提示できるのだろうか。わたしたちはまだ、配慮的な気遣いとその〈目配り〉のまなざしについて、顧慮的な気遣いとその〈顧慮〉のまなざしについて、そのさまざまな派生的なありかたを比較しながら性格づけることで、分析の幅を広げることはできるだろう。また世界内部的に存在する可能性のあるすべての存在者の存在についての解明をさらに深めて、現存在でない存在者と現存在の違いをもっと詳細に示すこともできるだろう。この方向でまだ実行すべき課題が存在しているのは疑いの余地のないところである。

たしかに哲学的な人間学の実存論的なアプリオリな原理をもれなく仕上げるという課題を遂行しようとするならば、これまで獲得された成果にはまだ補足すべきところが多く残されているだろう。しかし本書での探求は、そのようなことを目指すものではない。本書での探求が目指すものは、基礎存在論的なものである。

そこで、これから〈内存在〉を主題として考察するにあたっては、この内存在という現象の根源性を、その他の現象から導きだすようなことをしてはならない。このようなやり方は、問題を分解してしまうという意味で不適切な分析なのであり、問題を無効なものにしてしまうことである。根源的なものは、他のものから導きだすことはできないものである。だからといって、根源的なものを構成している存在性格が多様なものであることを否定するわけではない。このような多様な存在性格があらわになるならば、それらは実存論的に〈等根源的なもの〉とみなすべきなのである。この構成する諸契機の等根源性という現象は、存在論では軽視されることが多い。しかしこれが軽視されるのは、ありとあらゆるものを一つの単純な「根源的な根拠《ウアグルント》」から導きだしたいという傾向があるためである。しかしこうした傾向は、方法的に明確な規定が欠けたものなのである。

368　内存在とは

それでは〈内存在そのもの〉を現象的に性格づけるためには、どのような方向に着目すればよいだろうか。そのためには、この現象が初めて告示された際に、現象学的な姿勢を保ったまなざしに、何が委ねられていたかを想起すればよいのである。すなわち〈内存在〉とは、ある眼前的な存在者が、他の眼前的な存在者の「うちに」存在するという眼前的な〈内部性〉とは異なるものであるということを想起すればよいのである。〈内存在〉とは、「世界」の眼前的な存在によって引き起こされたり、あるいはたんに誘発されたりするような眼前的な主観の性質ではない。〈内存在〉とはむしろ、この［主観として存在する］存在者の本質的な存在様式なのである。

しかしこの内存在という現象が示すものが、眼前的に存在する主観と、眼前的に存在する客観とのあいだに、眼前的に存在する〈相互作用《コメルキウム》〉のようなものでないとしたら、いったいどのようなものなのだろうか。この解釈において、現存在とは、この「あいだ」の存在であると考えれば、現象的な事態にいくらか近いものとなるかもしれない。

ただしそれでもこの「あいだ」に方向づけを求めるのは、誤解を招きやすいことだろう。というのもこれによって、この「あいだ」そのものがそこに〈あいだ〉となって「存在している」存在者たちについて、存在論的に未規定な出発点を、検討もせずに定めることになるからである。というのはこの〈あいだ〉とは、二つの眼前的な存在者の出会い《コンウェニエンティア》の結果であると把握されていることになるからである。しかしあらかじめこのような出発点を想定してしまうと、この現象はつねにすでに爆破されてしまうことになる。そして爆破された後に残る破片を再び集めても、この現象をそのつどふたたび合成できる見込みはないのである。

そのための「接合剤」がないだけでなく、組み立てるために模範とすべき「図式」

が爆破されてしまっているか、そもそもあらわにされていないのである。存在論的に決定的に重要なのは、現象が爆破されるのをあらかじめ防いでおくこと、すなわち現象のもつ積極的で現象的な事態を確保しておくことである。そのためにはかなり面倒な手続きが必要となる。しかしそうした手続きが必要となるのは、存在者的には自明な事柄であっても、「認識問題」という伝統的な考察方法では、そうした事柄が存在論的にさまざまに歪められており、もはや見通しもつかなくなっているためなのである。

369　「そこ」の意味

本質的に世界内存在によって構成されている存在者は、それ自身がそのつどみずからの「そこに《ダ》現《ー》に」である。わたしたちが親しんでいる語義によると、この「そこに《ダ》現《ー》に」とは、「ここ」や「あそこ」を意味する。「ここのわたし」と言ったときの「ここ」はつねに、手元的に存在しているものの「あそこ」から、みずからを理解しているのであり、〈あそこ〉へと〈距離を取り〉ながら、〈方向づけ〉を行いつつ、配慮的に気遣っている存在として、みずからを理解しているのである。

現存在の実存論的な空間性が、現存在にそのようなしかたでその「場所」を定めているのであり、この空間性そのものは、世界内存在に基礎づけられている。〈あそこ〉とは、世界内部的に出会うものの規定性である。「ここ」と「あそこ」とは何らかの「そこに現に《ダー》」において初めて可能になる。すなわち「そこに現に《ダー》」の存在として空間性を開示している何らかの存在者が存在しているときに、初めて可能になるのである。この存在者は、みずからのもっとも固有な存在のうちに〈閉ざされていない〉という性格をそなえている。「そこに現に《ダー》」という表現は、こうした本質的な開示性を示すものなのである。この開示性によってこの存在者、すなわち現存在は、世界がそこに現に存在していることとともに、みずからに向かっても、「そこに現に《ダー》」存在しているのである。

177

370 開示性としての現存在

存在者的な比喩として、人間のうちに〈自然の光《ルメン・ナトゥラレ》〉があるという言葉が語られる

133

ことがあるが、これが示しているのは、みずからの〈そこに《ダ》現に《ー》〉を存在するというありかたで存在しているこの存在者の実存論的かつ存在論的な構造にほかならない。この存在者が「照らしだされて」いるということは(1)、自己において世界内存在として明るくされているということである。すなわち他の存在者によってではなく、みずからが明るみ《リヒトゥング》であるため(2)に、明るくされているということである。

実存論的にこのように明るくされている存在者にとってだけ、手元的に存在するものが光のうちで近づきやすいものとなり、暗闇の中では隠されたままとなるのである。現存在はみずからの〈そこに《ダ》現に《ー》〉をもともと携えているものであり、これなしでは事実《ファクティッシュ》として存在しなくなる。それだけではなく、そもそもこのような本質をもつ存在者でなくなるのである。現存在はおのれの開示性なのである(3)。

371　現存在の開示性の解釈のための二つの課題

この存在のこうした構成を明確に取りだす必要がある。しかしこの現存在という存在者の本質は実存なのであるから、「現存在はおのれの開示性である」という実存論的な命題は同時に、現存在にとっておのれの存在において問われているその存在が、みずからの「そこに《ダ》現に《ー》」を存在することを意味しているのである。これについて解釈するためには、開示性の存在を第一義的に構成するものがどのようなものであるかという性格づけを行う必要がある。さらに分析が進められるとともに、この存在者が日常的におのれの〈そこに《ダ》現に《ー》〉であるという存在様式をとっていることについても、解釈する必要がある。

372　この章の構成

この章は、〈内存在そのもの〉について解明するために、〈そこに《ダ》現に《ー》〉の存在そのものを考察するが、「すでに述べられた二つの課題におうじて」二つの部分で構成される。A項では〈そこに《ダ》現に《ー》〉の実存論的な構成を考察し、B項では〈そこに《ダ》現に《ー》〉の日常的存在と現存在の頽落について考察する。

373　「語り」の役割

〈そこ《ダ》に現《ー》に〉であることは、次の二つのありかたによって等根源的に構成されている——情態性と理解である。これらをそれぞれについて分析することで、これからの問題構成にとって重要な意味をもつ具体的な様態を解釈することができるようになる。そしてこれによって現象的に必然的な確証がえられるのである。［この様態とは語りであり］情態性と理解は等根源的に語りによって規定されているのである。

374　A項の構成

178 〈そこ《ダ》に現《ー》に〉の実存論的な構成が行われるA項において考察されるのは、情態性としての現-存在（第二九節）、情態性の一つの様態としての恐れ（第三〇節）、理解としての現-存在（第三一節）、理解と解釈（第三二節）、解釈の派生的な様態としての言明（第三三節）、現-存在と語り。言葉（第三四節）である。

375 実存論的な分析とは

現-存在の存在性格の分析は実存論的な分析として行われる。ということは、この存在性格は眼前的に存在するものの特性ではなく、その本質からして、存在することの実存論的なありかたであるということである。そこで、こうした性格が日常的にどのような存在様式をとっているかを、明らかにする必要がある。

376 B項の構成

〈そこに《ダ》現に《ー》〉の日常的な存在と現存在の頽落について考察するB項では、語りを構成する現象、理解のうちにあるまなざし、理解に含まれている解釈（意味の説明）のそれぞれに対応して、〈そこに《ダ》現に《ー》〉の日常的存在の［三つの］実存論的な様態が分析される。これらの様態は、世間話（第三五節）、好奇心（第三六節）、曖昧さ（第三七節）である。これらの三つの現象において、〈そこに《ダ》現に《ー》〉の存在の根本的な様式が明らかにされるのであり、これを頽落として解釈する。この頽落の「落ちる」ということは、実存論的に固有な〈動性《ベヴェークトハイト》〉というありかたを示すものである（第三八節）。

原注

＊1　本書第一二節、五二ページ以下［第一分冊、五六ページ以下］参照。

＊2　本書第一三節、五九〜六三ページ［第二分冊、八二〜九三ページ以下］参照。

訳注

（1）【欄外書き込み】本文の「照らしだされて」のところの欄外に、「アレーティア、開かれていること、明るみ、光、照らしだすこと」と書かれている。

（2）【欄外書き込み】本文の「明るみ《リヒトゥング》である」のところの欄外に、「しかし［明るみを］作りだすのではない」と書かれている。

（3）【欄外書き込み】この強調された一文のところの欄外に、「現存在は実存する。実存するのはただ現存在だけである。すなわち実存とは、〈そこに現《ダー》に〉の開かれていることへと出で立ち、その外において立つこと。実－存（エク・システンツ）である」と書かれている。

A 〈そこに現に《ダー》〉の実存論的な構成

第二九節　情態性としての現－存在

377

情態性とは

わたしたちが存在論的に情態性(1)という用語で語ろうとしているものは、存在者的には、きわめて周知された日常的なもの、すなわち気分や気持ちのことを指しているのである。気分の心理学的な研究はまだまったく未開拓な分野であるが、ここで必要なのは、こうした気分についてのあらゆる心理学的な研究よりも前に、この現象を基本的な実存カテゴリーとして把握し、その構造の輪郭を描くことである。

378 気分の存在論的な意味

日常的な配慮的な気遣いのもとでは、乱されることのない落ち着いた気分もあれば、抑えつけられた不快な気分のようなものもある。落ち着いた気分から不快な気分に変
179 化することも、その反対に不快な気分から落ち着いた気分に変化することも、やがては不機嫌な気分へと落ち込んでしまうこともある。これらの現象は現存在においてごくあたりさわりないもの、かりそめにすぎないものとみられ、とくに注目されることもないものであるが、存在論的には決して無にひとしいようなものではない。

現存在は気分を害されたり、急に気分が変わったりすることがあるが、そうしたことが起こりうるのは、現存在がそのつどつねにすでに気分に染められているからである。単調で活気のない気の抜けたような状態が長くつづくことがあるが、これは不機嫌な気分と混同してはならない。こうした気の抜けたような状態は無にひとしいようなものではなく、現存在はこの状態において、自分自身にうんざりしているのである。このような不機嫌な気分で、現存在にとっては〈そこに現《ダー》に〉の存在が重荷になって

いることがあらわになる。

それはなぜか、誰も知らない。現存在はそのようなことを知ることはできない。こうした気分において、現存在は〈そこに《ダ》現《ー》に〉としての自己の存在に直面させられるのであるが、気分のもつこの根源的な開示と比較すると、認識が開示することのできるものの範囲は、ごくかぎられたものだからである。

また高揚した気分が、こうしてあらわにされた存在することの重荷[2]を取りのぞいてくれることもある。気分がそなえているこうした可能性も、取りのぞくという形ではあるが、現存在が負っている〈重荷という性格〉を開示しているのである。気分は、「その人がどのような状態であるか、どのような状態になるか」をあらわにする。この「その人がどのような状態であるか」において気持ちに染められていることが、存在をその「そこに《ダ》現《ー》に」のもとにもたらすのである。

379　気分の開示するもの

このように気分に染められていることで現存在は、現存在がみずからの存在におい

180

て委ねられているまさにそのような存在者として、つねにすでに気分のうちで開示されている。現存在は実存することで、そのような存在であらねばならないのである。ここで〈開示されている〉ということは、そのようなものとして〈認識されている〉ということではない。

むしろごくありふれた無害な日常性においてこそ、現存在の存在が「ともかく存在するのであり、存在しないわけにはいかない」という赤裸々な事実《ダス》として、にわかに姿を示すことがある。純然とした「ともかく存在する」ということは示されているが、それが〈どこから《ヴォヘア》〉きたものか、〈どこへ《ヴォヒン》〉向かおうとするものかは、闇に包まれたままである。同じように、現存在が日常的にはこのようなさまざまな気分に「屈する」ことはないのであり、このように気分によって開示されたものにつきしたがったり、開示されたものに直面させられたりすることはない。ただしこれは、こうした気分のうちで、その〈そこに現に《ダー》〉の存在が、その「ともかく存在するという赤裸々な」事実《ダス》のうちで開示されているという現象的な実情を否定するような反証となるものではなく、むしろそれを証明するものである。

現存在はたいてい、存在者的かつ実存的に、気分のうちに開示された存在を回避している。ということは、存在論的かつ実存論的には、こうした気分が注意を向けないようなところで、現存在がその〈そこ《ダ》に現《ー》に〉に委ねられていることがあらわになるのである。回避することそのものにおいて、〈そこ《ダ》に現《ー》に〉は開示された〈そこ《ダ》に現《ー》に〉である。

380　被投性とは

このように、現存在の〈どこから〉と〈どこへ〉は闇に包まれたままであるが、現存在自身には、それだけあらわに開示されているという存在性格がある。それは「ともかく存在しているという事《ダ》実《ス》」であり、わたしたちはこれを、現存在という存在者が、そのみずからの〈そこ《ダ》に現《ー》に〉のうちに投げ込まれていること（被投性）と名づける。現存在は世界内存在としてみずからの〈そこ《ダ》に現《ー》に〉を存在することで、みずからの〈そこ《ダ》に現《ー》に〉のうちに投げ込まれているのである。この被投性という表現は、委ねられているという事実性を示すために作られたものである。

現存在の情態性において開示された「ともかく存在するのであり、存在しないわけにはいかない」というこの「事実《ダス》」は、眼前的に存在することに属する〈実際のありかた《タートゼヒリヒカイト》〉を存在論的かつカテゴリー的に表現する「事実《ダス》」ではない。こうした「事実《ダス》」は、眺めやるまなざしによって初めて確認できるものである。しかし情態性において開示された〈事実《ダス》〉は、世界内存在というありかたで存在しているまさにその存在者の実存論的な規定性として捉えなければならない。この事実性は、ある眼前的な存在者の生《なま》の事実（ファクトゥム・ブルトゥム）としての〈実際のありかた〉ではない。これは現存在の存在性格の一つであって、さしあたりは［意識から］排除されながらも、その実存のうちに取りいれられた存在性格なのである。この事実性の〈事実《ダス》〉は、直観において眼前的にみいだされるようなことは決してないのである。

381　被投性と気分

現存在という性格をもつ存在者がみずからの〈そこに現に《ダー》〉であるのは、それが明示的なものかどうかを問わず、現存在がみずからの被投性という情態性のうちにあるというありかたにおいてである。情態性において現存在はつねにすでに自分自身の前に立たされている。現存在は知覚することで〈みずからを目の前にみいだす〉のではなく、つねにすでに気分に染められた情態性において〈みずからをみいだしている〉のである。

みずからの存在に委ねられた存在者として、現存在にはまた、つねにすでにみずからを〈みいだしてしまっている〉ということも委ねられている。〈みいだす〉といっても、それは直接的な探求の結果として発見するのではなく、「ある意味では」避けることから生みだされた発見だからである。

気分は、被投性を〈眺めやる〉というありかたで開示するのではなく、それに固執したり、それに背を向けたりするという形で開示するのである。気分はたいていは、その気分によって明らかにされた現存在の重荷としての性格に向かうことはなく、とくに高揚した気分のもとでその重荷から免れているときには、ほとんど気に掛けるこ
181 ともない。このようにして、「被投性に」背を向けるとしても、つねに情態性というありかたのうちで背を向けるのである。

382 信仰や知識の無力

気分が何を開示するのか、どのように開示するのかについては、現象的にはまったく見誤られてしまうことになるだろう。それは開示されたものを、気分に染められた現存在が「同時に」知っていること、知識をもっていること、信じていることなどと同じようなものだと考えたがるからである。

現存在は「宗教の」信仰において、みずからが「どこへ」向かうかについて「確信」をもっていることもあるだろうし、合理的な啓蒙の精神にしたがって、みずからが〈どこから〉来たのかについて、知識をもっていると考えることもあるだろう。しかし現存在が気分のために、〈そこに現に《ダー》〉という〈事実《ダス》〉の前に立たされて、この事実《ダス》が〈そこに現に《ダー》〉おいて仮借のない謎という姿で現存在を凝視しているという現象的な実情に直面すると、こうした信仰や知識もまったく役に立たなくなる。

純粋に眼前的に存在しているものについての理論的な認識から生まれた絶対的な確実性を尺度として、情態性のもつ「明証性」の地位を貶めようとしても、それは実存論的にみても、存在論的にみても、いかなる正当性もない。さらに情態性を非合理的なものという〈避難所〉に追放してしまおうとすることも、これに劣らず現象を歪曲することである。非合理主義とは、合理主義の裏返しにすぎず、合理主義が見ることができないものを横目に見ながら、それについて語るにすぎないのである。

383　情態性の第一の本質性格

現存在は事実として、知識や意志によって気分を抑えることができるし、そうすべきであり、そうしなければならないのはたしかである。これは実存することに含まれるいくつかの可能性のうちで、意欲や認識が優位を占める場合がありうることを示すものである。しかしだからといって、気分が現存在の根源的な存在様式であることを、存在論的に否定するようなことがあってはならない。現存在はこの気分という存在様式において、すべての認識や意欲よりも前に、またこうしたものがもたらす開示の大きさを超えて、みずからに向かって開示されているからである。

またわたしたちは気分を抑えることはできるとしても、気分なしでいることはできない。わたしたちは気分をそのつど、それと反対の気分で制することで抑えるにすぎない。こうしてわたしたちは情態性の第一の存在論的な本質性格として、次のことを確認する。情態性は現存在をその被投性において開示する。ただしこの開示は、さしあたりたいていは「被投性を」回避し、「それに」背を向けるというありかたで行われる。

182

384　たんなる気分の開示と隠蔽

このことからすぐに明らかになるように、情態性とはある心の状態を目の前にみいだすこととは、まったくかけ離れたことである。情態性は、自分について振り返り、振り向くことでみずからを把握するような性格のものではない。それどころか内的な省察がすべて、「心的な」「体験」のようなものを目の前にみいだすことができるのは、情態性のうちで〈そこに現に《ダー》〉がすでに開示されているからにほかならない。「たんなる気分」と呼ばれるものは、いかなる知覚よりも根源的に〈そこに現に《ダー》〉を開示する。しかしそれにおうじてこれは、何も知覚しないことのすべてにもまして、さらに強固に〈そこに現《ダー》に〉を隠蔽してしまうのである。

385 情態性の第二の本質性格

それを示しているのが不機嫌な気分である。この気分において現存在はみずからを見失ってしまう。配慮的に気遣われた環境世界がヴェールで隠され、配慮的な気遣いの〈目配り〉のまなざしは、間違ったところに導かれる。現存在が配慮的に気遣われた「世界」に〈無反省的に〉浸り、没頭しているときにかぎって、情態性が現存在を襲うのであって、情態性が〈反省的〉なものでないのはそのことからも明らかである。気分とは襲うものなのである。

気分は「外部」からくるのでも、「内面」からくるのでもなく、世界内存在という存在のありかたとして、世界内存在そのもののうちから、こみあげてくるのである。このようにしてわたしたちは、心の「内面」を反省的に把握する営みと情態性の違いを「〜ではないという形で」消極的に区別しただけでなく、情態性のもつ開示の性格について、積極的に洞察するに至ったのである。すなわち気分は世界内存在をそのつどすでに全体として開示してしまっており、それが初めて〈何かを志向する〉ことを可能にするのである。

ある気持ちに染められていることは、さしあたり何か心的なものと関わることではないし、心の内面の状態でもない。この心の内面が、謎めいたありかたで外部へと赴き、事物と人格を染めたりするようなことはない。ここに、情態性の第二の本質性格が示される。実存はそれ自体が本質的に世界内存在であるから、情態性こそが世界、共同現存在、実存が等根源的に開示されることを示す実存論的に根本的な様式なのである。

386　情態性の第三の本質性格

わたしたちは情態性の二つの本質規定を示してきた。第一は、情態性が被投性を開示することであり、第二は、情態性が世界内存在の全体をそのおりおりに開示することである。次に第三の本質規定に注目する必要があり、これこそが何よりも世界の世界性をさらに徹底的に理解するために役立つものである。すでに述べたように[*1]、わたしたちが世界内部的なものに出会うのは、世界があらかじめすでに開示されているからである。このように〈内存在〉には、先立って世界を開示するという性格があるが、こうした開示性は、情態性がともに与って構成されているのである。

このように世界内部的なものに出会わせる働きは、たんなる感受や凝視の働きでは
なく、第一義的に目配りのまなざしの働きである。配慮的な気遣いで〈目配り〉のま
183 なざしによって「世界内部的なものと」出会うことには、〈不意に襲われる〉という性
格がある。このことは、わたしたちが情態性を考察することでますます明確なものとなった。しかしこうした〈不意に襲われる〉ということは、手元存在者が〈役に立たないこと〉や〈手に負えないこと〉や〈脅威となること〉によって発生するのである。存在論的にこうしたことが起こりうるのはなぜかと言えば、内存在そのものは実存論的に、このようなありかたで世界内部的に出会うものに迫られうるものであることが、あらかじめ規定されているからである。

このように〈迫られること〉は、情態性によって規定されていることであり、情態性はたとえば〈脅かされうること〉を見越して、世界を開示してしまっているのである。恐れたり、恐れなかったりするような情態性において存在するものだけが、環境

世界的に手元存在するものを、脅威をもたらすものとして露呈させることができる。このように情態性という気分に染められたありかたが、現存在の〈世界開放性(3)〉を実存論的に構成しているのである。

387

世界との出会い

現存在の「感覚器官」というものは存在論的には、情態的な世界内存在という存在様式をそなえた存在者に属するものである。それによってのみ、こうした感覚器官が「感動させられ」たり、「何かについて感覚をもつ」ことができたりするのであり、この〈感動させるもの〉が〈情動〉においてみずからを示すのである。もしもこうした情態的な世界内存在が、世界内部的な存在者によって〈迫られる〉可能性へとみずからを委ねておかなかったならば（こうした可能性はさまざまな気分によってあらかじめ素描されている）、どれほど強い圧力や抵抗があっても、情動のようなものは発生しなかったはずであるし、抵抗ということも本質的に露呈されないままだったであろう。情態性には実存論的にみて、開示しながら世界へと委ねられているということが含

138

まれているのであり、これに基づいて〈迫ってくるもの〉と世界の側から出会うことができるのである。わたしたちは実際のところ存在論的にみるかぎり原則として世界を第一義的に露呈させることを、「たんなる気分」に委ねておかねばならない。純粋な直観というものでは、それがどれほど眼前的なものの存在の内的な核心にまで迫ったとしても、決して〈脅かすもの〉のようなものを露呈させることはできないだろう。

388 観想《テオーリア》のまなざし

日常的な〈目配り〉のまなざしは、第一義的な開示の力をそなえた情態性に基づいていながら、見間違えたり、大きな錯誤を犯したりすることがある。こうした見間違いや錯誤は、絶対的な「世界」認識のような理念を基準とするならば、一つの欠如《メー・オン》であろう。しかしこのような評価は存在論的には根拠のないものである。こうした評

184

価では現存在が錯誤をなしうるということが、実存論的に積極的な意味をもつことを完全に見逃している。

まさにわたしたちが定めなく、気分におうじて揺らぎながら「世界」を眺めている

ときにこそ、手元的な存在者はそれに固有な世界性を示してくるのであり、この世界性は一日として同じ姿を示すことはない。理論的に眺めやる営みでは、世界には純然たる眼前的な存在者だけが一様に存在していると想定するのであり、そのことで世界はつねにすでに外部からの光を遮断されてしまっている。たしかにこの一様に存在しているものを純粋に規定することで露呈させることのできるものによって、新たに豊かな知識が生まれることだろう。

しかしいかに純粋な観想《テオーリア》であっても、すべての気分を脱ぎ捨てているわけではない。もっとも純粋な観想《テオーリア》のまなざしのもとで、わずかに眼前的に存在するにすぎないものが、純粋な外見を示しながら現れてくるのは、この観想のまなざしが〈～のもとに〉落ち着いて滞在するとき、そして安楽な暮らし《ラストーネー》と閑暇のある暮らし《ディアゴーゲー》において、(4)そうした存在者をみずからに近づけさせうるときにかぎられるのである。[*2] ただしこのように認識による規定の営みが、世界内存在の情態性のうちで実存論的かつ存在論的に構成されることを指摘したところで、学問を存在者的な意味で「感情」に委ねる試みだと誤解する人はいないだろう。

389　気分の考察としてのアリストテレスの『修辞学』

本書での探求の問題構成の枠組みでは、情態性のさまざまな様態と、それらの様態がたがいに基礎づけあっている連関を解釈することはできない。これらの現象は存在者的には情動や感情という名称ではるか以前から熟知されていたことであり、哲学においてもつねにすでに考察されてきたことである。

体系的に仕上げられた情動についての初めての解釈が、「心理学」の枠組みで考察されたものでないことは、決して偶然ではない。アリストテレスは情念《パテー》を、『修辞学』の第二巻で考察している。アリストテレスの『修辞学』という書物は、修辞学の概念を一つの「学科」のようなものと考えようとする伝統的な方向に抗して、共同相互存在の日常性を初めて体系的に解釈した書物とみなす必要がある。

世人《ひと》の存在様式としての公共性は（第二七節参照）、一般に気分に染められているだけでなく、気分を必要とするし、みずから気分を「かもしだす」ものでもある。『修辞学』で考察されたように、弁論を展開する」演説者は、こうした気分に乗って、それ

をかきたてながら語るものである。演説者は気分を正しいやりかたで目覚めさせ、操 139
185 作するのであり、そのためには気分のもつさまざまな可能性を了解している必要がある。

390 近代における情動の解釈の地位の低下

情動の解釈はさらにストア派に継承され、それがキリスト教の教父の神学とスコラ神学を経由して近代に伝承されたことは、周知のことである。ただし周知されていないことは、情動一般についての原理的で存在論的な解釈が、アリストテレス以降というもの、注目に値するような進歩をほとんど遂げていないということである。それどころか、情動と感情は考察の主題としては心的な現象としてひと括りで考察されるようになり、［表象と意欲に次ぐ］第三の心的な現象として、表象や意欲と同じような役割を担わされているのである。情動と感情は、随伴的な現象の地位にまで、引き下げられたのである。

391　シェーラーの考察の価値

これらの現象をふたたび自由に考察するためのまなざしを作りだしたのは、現象学的な研究の功績である。それだけではない。シェーラーはとくにアウグスティヌスとパスカル[*3]の与えた衝撃をうけとめて、「表象する」作用と「関心をもつ」作用のあいだでたがいに基礎づけあう連関について、問題構成を展開した。ただしここでも、これらの作用現象一般の実存論的および存在論的な基礎は、まだ暗がりのうちにとどまっている。

392　情態性についてのまとめ

情態性は、現存在の存在とともにつねにすでに開示されている世界に、現存在をその被投性において開示し、さらに現存在がそこに〈差し向けられていること〉を開示する。それだけでなく情態性とはそれ自体が一つの実存論的な存在様式であって、この存在様式において現存在はつねにみずからを不断に「世界」へと委ねている。そして現存在は自分自身を回避するという形で、世界から迫られているのである。この回避の実存論的な機構については、いずれ頽落という現象によって明確にされるだろう。

186

393　実存論的な分析論の課題

このように情態性は、現存在がみずからの〈そこに現に《ダー》〉であるような実存論的に根本的な存在様式である。情態性は存在論的に現存在を特徴づけるだけでなく、その開示の働きのために、実存論的な分析論にとって、原理的に方法論的な意義をそなえている。一般にどんな存在論的な解釈にもあてはまることだが、実存論的な分析論によっては、あらかじめすでに開示されている存在者について、その存在をいわば〈聞き取る〉ことしかできない。現存在には、きわめて広範な開示可能性がそなわっている。この実存論的な分析論がこれらの開示可能性のうちから、現存在という存在者の解釈をいわば〈受けとる〉ことができるためには、こうした開示可能性を手放さずに、問いつづける必要があるのである。

140

現象学的な解釈は、現存在自身に根源的な開示の可能性を与え、それによって現存在が同時にみずからを解釈するようにさせねばならない。現象学的な解釈はこの現存在の開示にいわば同伴し、そこに示された開示の現象的な内容を、実存論的に概念化するだけでよいのである。

394 恐れの考察

わたしたちはいずれ、現存在の実存論的および存在論的に意義深い根本的な情態性として、不安について解釈を試みるつもりであるが（第四〇節参照）、それに先だって、情態性の現象を、恐れという特定の様態において具体的に示してみることにしよう。

原注

＊1 本書第一八節、八三ページ以下［第三分冊、三三ページ以下］を参照されたい。

＊2 アリストテレス『形而上学』第一巻第二章九八二b二二以下参照。

＊3 パスカル『パンセと小品集』前掲書、一八五ページ。「そこから次のようなこ

とが言える。人間的な事柄について語る際には、人々を愛する前に、彼らを知る必要があるとされているのであり、それが格言にもなっている。これにたいして聖人たちは反対に、神的な事柄については、それを知るためには愛さねばならない、人は慈愛によってのみ真理に入るのだと言っている。そしてこれをもっとも有益な格言の一つにしたのである」(5)。これについてはアウグスティヌスの『著作集』(ミーニュ『ラテン教父全集』の第八巻、『ファウストゥス論駁』第三二巻第一八章「慈愛によらなければ真理に入れない」)を参照されたい。

訳注

(1) ベフィントリヒカイトを情態性と訳すことについては、解説の二一〇ページを参照されたい。

(2) 【欄外書き込み】「重荷」のところの欄外に、「〈重荷〉とは、担われるべきもののことである。人間は現‐存在に委ねられ、引き渡されている。担うということは、存在そのものに帰属していることに基づいて、引き受けることである」と書かれている。

（3）この「世界開放性」の概念は、マックス・シェーラーが『宇宙における人間の地位』で提起した概念である。動物は「衝動や環境世界に繋縛されて」いるが、人間はこのような環境から開放されているのである（シェーラーはこうしたありかたを「世界開放性」と呼ぶ。『宇宙における人間の地位』亀井裕・山本達郎訳、白水社、四七ページ参照）。

（4）この表現は、ハイデガーがアリストテレスの『形而上学』から引用したものである。アリストテレスは、人々が認識するのは何らかの効用のためではなく、「ただひたすら知らんがため」（アリストテレス『形而上学』第一巻第二章。邦訳は『アリストテレス全集』第一二巻、出隆訳、岩波書店、一九六八年、一〇ページ）であることを指摘した後に、生活の苦労がなくなって、「安易で安楽な暮らしにも必要なあらゆるものがほとんど具備された時に、初めてあのような思慮が求められだした」（同）と語っている。「安易で安楽な暮らし」と訳された部分は、ギリシア語の原文では、「安楽な暮らし（ラストーネー）のためにも、閑暇のある暮らし（ディアゴーゲー）のためにも」とされている。

（5）ハイデガーはこのパスカルの引用をフランス語の原文のままで示している。

第三〇節　情態性の一つの様態としての恐れ[*1]

395　恐れの現象の三つの観点

恐れの現象は、次の三つの観点から考察することができる——わたしたちは〈何について《ヴォフォア》〉恐れるか［という恐れの対象］、恐れそのもの、〈何のために《ヴォルム》〉恐れるか［という恐れの理由］について分析するのである。これらの三つの観点が可能であり、たがいに関連したものであるのは、偶然ではない。ここから、情態性一般の構造が前面に立ち現れてくるのである。この分析を補足するために、恐れに起こりうるさまざまな様態の変化についても指摘しよう。これらの様態の変化は、恐れのさまざまな構造契機のいずれかにおいて起こりうるものである。

187

396 〈何について〉恐れるか――恐れの対象

［まず第一の観点から分析してみると］ひとが〈何について《ヴォフォア》〉恐れるかというその「恐ろしいもの」とは、そのおりおりに世界内部的に出会うものであり、その存在様式は手元存在であったり、眼前存在であったり、共同現存在であったりする。ここではわたしたちにとってしばしば、またたいていは「恐ろしいもの」となりうる存在者について、存在者的に述べようとするのではない。その〈恐ろしいもの〉について、その〈恐ろしさ〉を現象的に規定すべきなのである。わたしたちが恐れにおいて出会うこの〈恐ろしいもの〉には、どのようなものがそなわっているために、そうした〈恐ろしいもの〉になるのだろうか。

〈何について《ヴォフォア》〉恐れるかということ［恐れの〈対象〉］には、〈脅かすもの〉という性格がある。これにはいくつかの条件が必要である。第一に、こうして出会うものは、害をなすものであるという適材適所性の様式をそなえている。こうした適材適所性の連関のうちに、それは現れるのである。第二に、この害をなすものという性格は、その害をこうむる可能性のあるもののうちの特定の範囲を狙っている。それ自身がこうした害をなすという規定のもとで、特定の〈辺り《ゲーゲント》〉からやってくるのである。第三に、こうした〈辺り〉そのものと、そこからやってくるものは、「安心できない」ものであることが周知されている。第四に、この害をなすものは脅かすものとして、すぐに対処しうるような近さにはまだやってきていないが、それでも近づいているのである。この接近においてそれは害をなすものであることがますます歴然としてくるのであり、〈脅かすもの〉としての性格を強めているのである。

第五に、その接近はそもそも、〈近さ〉のうちにある。きわめて大きな害をなしうるものが、たえず近づいてくるとしても、それが遠いところにあるかぎり、その恐ろしさはまだ覆われ、隠されている。しかし〈近さ〉のうちにまで接近してくると、〈害をなすもの〉に出くわすことも、出くわさないこともありうるのであり、そのようにしてこの〈害をなすもの〉は脅かすようになる。接近してくるとともに、この「出くわすかもしれないが、結局は出くわさないかもしれない」ということが強まってくる。そしてそれを恐ろしいことだと、わたしたちは言うのである。第六に、このことから明らかなのは、近さにおいて近づきつつあるこの〈害をなすもの〉には、あるいは出くわさずに通りすぎてしまう可能性のあることもあらわになっている。しかしこのことは恐れを小さくしたり、なくしたりするのではなく、かえってそれを強めるのである。

397 怯えやすさ

[次に第二の観点からみると] 恐れることそのものは、このような性格によって〈脅かすもの〉に、〈おのれを襲わせながら、開けわたす〉ことである。わたしたちはまず何か将来の災厄《マルム・フトゥルム》のようなものを確認してから、その後で初めてそれを恐れるわけではない。何かあるものが〈近づきつつある〉ことを確認してからそれを恐れるのではなく、近づきつつあるものが、それ自身恐ろしいものであることを、あらかじめ露呈させているのである。そして恐れているからこそ、そのものにことさらにまなざしを向けて、恐ろしいものを「はっきりとみとどける」ことができるようになる。

〈目配り〉のまなざしが恐ろしいものをみいだすのは、〈目配り〉が恐れという情態性のもとにあるからである。恐れることは、情態的な世界内存在のうちに眠っている可能性としては「怖がり」であり、そこから何か恐ろしいものが近づいてくることがありうる場所として、すでに世界を開示している。〈近づいてくることがありうる〉
188 ことそのものが、世界内存在の本質的な実存論的な空間性によって、〈開けわたされている〉のである。

398 恐れの理由としての自己

［最後に第三の観点からみると］〈何のために《ヴォルム》〉恐れるかということ［恐れの理由］は、恐れている存在者自身、現存在のもとにある。みずからの存在において、その存在そのものが心配されている存在者だけが、恐れることができる。恐れることはこの存在者を開示するが、それを危険にさらされている存在者として、［危険への対処を］自己自身に委ねられている存在者として開示する。恐れは現存在を、みずからの〈そこに現に《ダー》〉の存在においてあらわにする（ただしそれがどこまで明示的なものであるかは、ときに応じて変わりうる）。

わたしたちが［自分自身のためではなく、たとえば］自分の住居の〈ために《ウム》〉恐れているとしても、それはわたしたちが〈何のために〉恐れるかについて規定したことへの反証にはならない。現存在は世界内存在として、いつも〈～のもとに《バイ》〉配慮的な気遣いをしている存在だからである。現存在はさしあたりたいていは、自分が配慮的に気遣っているもの、ごとのほうから存在している。それらが危険にさらされることは、この〈～のもとに〉ある存在が脅かされるということである。

恐れは現存在を何よりも欠如的なありかたで開示する。恐れは困惑させ、「狼狽」させる。恐れは危険にさらされた内存在を見えるようにすると同時に、そうした内存在を閉ざしてしまう。恐れが遠のいた後になってやっと現存在が正気を取り戻すのはそのためである。

399　恐れることが開示するもの

恐れることとは、あるものの〈ために《ウム》〉、あるものについてみずから怖がることである。それは欠如的な形であろうと積極的な形であろうと、脅かすものである世界内部的な存在者と、脅かされる内存在を、つねに等根源的に開示するのである。恐れは情態性の一つの様態である。

400　他人の代わりに恐れること

あるものの〈ために《ウム》〉恐れることは、他者たちにもかかわることであり、その場合には他者たちの代わりに《フェア》［ために］恐れると言われる。この〈〜の代わりに恐れる〉ということは、その他者から恐れをとりのぞくものではない。わたしたちが〜の代わりに恐れているその他者は、まったく恐れていないかもしれないからである。わたしたちが他者の代わりに恐れるのはまさにたいていは、その他者が恐れておらず、脅かすものに向かって向こう見ずにも立ち向かっていくときなのである。この〈〜の代わりに恐れる〉というのは、他者との共同的な情態性の一つのありかたであり、必ずしも〈ともに恐れること〉ではないし、〈たがいにともに恐れあうこと〉ではさらにない。

自分では恐れずに、〈〜の代わりに恐れる〉こともできる。しかしよく調べてみれば、この〈〜の代わりに恐れる〉ことはやはり、自分のことで、恐れることであるこ

189
とが分かる。その際に「恐れられている」のは、恐れているその人がその他者と一緒にいられなくなるかもしれないということである。この場合には恐ろしいものは、ともに恐れている人たちを直接に狙っているのではない。
〈～の代わりに恐れる〉ことは、ある意味では自分にはかかわりがないことを知っているのではあるが、しかしその〈～の代わりに〉恐れている相手の共同現存在が影響をうけるのだから、やはりともにかかわっているのである。だから〈～の代わりに恐れる〉ということは、自分のことへの恐れが「他者への恐れとして」いくらか軽減されたようなものではない。これは「感情のニュアンス」の違いではなく、実存論的な様態の違いなのである。〈～の代わりに恐れる〉ことは、「本来的には」たしかに自分のことで恐れていないとしても、それによって恐れるという特殊な種類の「情態性の」真正さが失われることはないのである。

401 〈恐れ〉の諸様態――驚愕、戦慄、仰天

〈恐れ〉という現象の全体を構成するさまざまな契機は、変化することがありうる。

それによって恐れのさまざまに可能なありかたが生まれてくる。〈脅かすもの〉と出会うための構造として、〈近さ〉のうちで近づくという構造がある。ある〈脅かすもの〉が、「まだやって来ていないが、いつやって来るかもしれない」というありかたにおいて、配慮的な気遣いをしている世界内存在を突然に襲うとき、恐れは驚愕になる。だから〈脅かすもの〉において、〈脅かすもの〉の近さへの近づきと、近づきそのものにおける出会い方（唐突さ）とを区別する必要がある。驚愕において〈何について《ヴォフォア》〉恐れるかは、さしあたり熟知された親しいものである。

　これにたいして〈脅かすもの〉がまったく〈親しみのないもの〉という性格をそなえている場合には、恐れは戦慄になる。そして〈脅かすもの〉に、戦慄すべきものという性格において出会うときに、同時にそれが〈驚愕させるもの〉であるという出会いの性格（唐突さ）をそなえている場合には、恐れは仰天になる。

　そのほかに恐れの変形的な形態としては、怯え、怖じ気、懸念、呆然などがある。こうした恐れのすべての派生態は、みずから情態的に存在していることのさまざまな可能なありかたであり、これは現存在が世界内存在として「怖がりであること」を示している。この「怖がりであること」は、事実として「その人に固有の」素質という存在者的な意味で解釈してはならない。これは現存在一般に本質的なものである情態性の実存論的な可能性として理解する必要がある。当然ながらこの可能性が、唯一の実存論的な可能性であるわけではないのだが。

原注

＊1　アリストテレス『修辞学』第二巻第五章一三八二a二〇〜一三八三b一一参照。

190

第三一節　理解としての現-存在

402

実存カテゴリーとしての理解

情態性は、〈そこに現に《ダー》〉の存在が身をおいている実存論的な構造の一つにすぎない。情態性と等根源的にこの〈そこに現に《ダー》〉の存在を構成しているものとして、理解がある。情態性にはそのつど、こうした情態性によって抑えられているという形ではあっても、みずからについての了解が含まれている。また理解はつねに気分に染められた理解である。わたしたちはこれから、この理解を基本的な実存カテゴリーとして解釈することになるが[1]、これが示しているのは、理解という現象が、現存在の存在の根本的な様態として把握されるということである。

これにたいして「理解」ということが、多くの認識様式のうちの一つとして、そしてたとえば「説明」とは異なるものとして区別されることもある。このように考えられた〈理解〉は、〈説明〉と同じように、〈そこに現に《ダー》〉一般の存在をともに構成する第一義的な意味での理解ではなく、その実存論的な派生態として解釈しなければならない。

403　理解の開示するもの

これまでの探求においても、すでにこうした根源的な〈理解〉に出会っていたのであり、ただそれを明示的に主題としては取りあげてこなかっただけである。現存在は実存しながら、みずからの〈そこに現に《ダー》〉である。すなわち世界は〈そこに現に《ダー》〉あり、この世界がそこに現に存在することが、内存在するということである。この内存在もまた〈そこに現に《ダー》〉存在しているのであり、しかも現存在がみずからを〈そのための目的《ヴォルムヴィレン》〉であるように存在しているのである。この〈そのための目的《ヴォルムヴィレン》〉のうちで、実存する世界内存在そのものが開示されているのであり、この開示されていることが、理解と呼ばれるのである。[*1]

この〈そのための目的《ヴォルムヴィレン》〉を理解するときには、そこにおいて基礎づけられた有意義性もともに開示されている。理解が開示されているときには、〈そのための目的《ヴォルムヴィレン》〉と有意義性がともに開示されているのであるから、この理解の開示は完全な世界内存在に等根源的にかかわるのである。有意義性とは、〈そのものに向かって《ヴォラウフヒン》〉世界そのものが開示されているもののことである。現存在において〈そのための目的《ヴォルムヴィレン》〉とともに有意義性が開示されているのであり、そのことは、現存在とは、世界内存在としておのれ自身にかかわる存在者であるということを意味する。

404

実存カテゴリーとしての可能性の概念

存在者的な言葉遣いでは、「何かを理解する」という言葉が、「ある仕事を指導することができる」とか「そのことをなす能力がある」とか「何かをできる」という意味で理解されることがある。ところで実存カテゴリーとしての理解においてなすことができるのは、特定の〈何か〉ではなく、実存することとしての存在である。理解のうちには実存論的に、〈存在可能〉としての現存在の存在様式が含まれている。

現存在は、まず眼前的に存在していて、さらに何ごとかをなしうることを付録のようにもっている存在者ではない。現存在とは第一義的には、自己の〈可能性の存在〉なのである。[2] 現存在とは、そのつどそれでありうるものであり、しかもみずからの可能性であるもののことである。現存在が本質的に〈可能性の存在〉であるということは、わたしたちがこれまで性格づけてきたように、「世界」について配慮的に気遣い、他者たちにたいして顧慮的に気遣うという特徴的なありかたをしているということである。そしてそのすべてにおいて、かつつねにすでに、現存在は自分自身に向かって、

60

そして自分自身をそのための〈存在可能〉としているということである。〈可能性の存在〉とは、現存在がつねに実存論的に存在しているありかたであるが、これは空虚な論理的な〈可能性〉とは違うものであるだけでなく、眼前的なものに、あれこれのことが「起こる」ことがありうるという意味での偶然性とも違うものである。眼前的なものの様相のカテゴリーである〈可能性〉は、まだ現実的でないことであり、決して必然的でないことである。これは可能であるにすぎないものを特徴づける。この可能性は存在論的には現実性と必然性よりも下位のものである。

これにたいして実存カテゴリーとしての可能性は、現存在のもっとも根源的で、究極的で、積極的な存在論的な規定性である。さしあたりこの可能性は、実存性一般と同じように、たんなる問題として準備されうるにすぎない。そもそもこれを見えるようにするための現象的な土台を提供するのが理解であり、理解とは開示する〈存在可能〉なのである。

405
現存在の可能性の存在と存在可能

実存カテゴリーとしての可能性は、「無差別な選択意志の自由《リベルタス・インディフェレンティアエ》」という意味での宙に浮いたような〈存在可能〉であることを示すものではない。現存在は本質的に情態性のもとにあるために、そのつどすでに特定の可能性のうちに組み入れられているのであり、現存在が実際にそうである〈存在可能〉としては、ほかの特定の可能性をすでに逸しているのである。すなわち現存在は不断に、自己の存在のいくつかの可能性を断念したり、それをつかみとったり、つかみとり損ねたりしている。ということは、現存在はみずからに委ねられた〈可能性の存在〉であり、徹底的に被投的な可能性であるということである。現存在とは、自己にもっとも固有な存在可能に向かって自由な存在であるという可能性なのである。現存在にとってこの可能性の存在は、さまざまに可能なありかたで、さまざまに可能な程度で、みずからにとって見通しのよいものとなっている。

406 理解と自己知

理解するということは、このような存在可能において存在することである。すなわ
192 ち本質的に決して眼前的に存在することのないものとして、実存という意味での現存
在の存在によって「存在する」こととしての〈存在可能〉において存在することで
あって、〈まだ眼前的な存在者としては存在していない〉ものとして未決のままに存
在するような〈存在可能〉を存在することではない。このように現存在は、しかじか
のありさまで存在することをそのつど理解しているか、あるいは理解していないとい
うありかたで存在している。

このような理解というありかたをする現存在は、自分自身にとって、すなわち自分
の〈存在可能〉にとって何が重要な意味をもつか《ヴォラン》を「知っている」。この「知識」は、
内在的な自己の知覚によって初めて生まれてくるものではなく、本質からして理解と
いうありかたをしている〈そこに《ダ》現に《ー》〉の存在に、もともとそなわっているのである。
さらに現存在が理解しながらみずからの〈そこに《ダ》現に《ー》〉を存在しているからこそ、現

存在が自分の歩むべき道を間違えたり、自分を見損なったりすることがありうるのである。

そして理解が情態的なものであるため、すなわち実存論的には被投性に委ねられたありかたをするものであるため、現存在はそのつどすでに自分の歩むべき道を間違えており、自分を見損なっているのである。現存在はみずからの存在可能において、自分のさまざまな可能性のうちに、ようやく自分をふたたびみいだすという可能性に委ねられているのである。

407　新たな課題

理解するということは、現存在自身がみずからに固有な存在可能を生きる実存論的な存在であるということであり、この実存論的な存在は、自分自身の存在にとって何が重要な意味をもつか《ヴォラン》をみずからに開示している。この実存カテゴリーの構造をさらに鋭く捉える必要がある。

408 〈世界内における存在可能〉としての内存在

理解することは開示することとして、つねに世界内存在の根本的な機構の全体にかかわっている。その内存在は存在可能としては、そのつど〈世界内における存在可能〉である。この世界は、可能的な有意義性としての世界として開示されているだけではない。世界内部的なもの自身が〈開けわたされる〉ことで、世界内部的な存在者を、その存在者のもつさまざまな可能性に向けて〈開けわたす〉のである。

手元的な存在者は、そのようなものとして、その有用性や使用可能性や害をなす可能性において露呈されている。このようにしてすでに適材適所性の全体性と呼んだものが、実は手元的な存在者の連関における可能性のカテゴリー的な全体であったことがあらわになるのである。ところで他方では、多様に存在している眼前的な存在者の「統一」、すなわち自然も、その可能性が開示されることによって、初めて露呈されうるものとなるのである。

それでは自然の存在についての問いが、「その可能性の条件」に向かうものとなるのは偶然なのだろうか。このような問いの根拠はどこにあるのだろうか。この問いそのものにたいして、さらに別の問いを問わずにはいられない。すなわち、現存在でない存在者の〈その可能性の条件〉が開示されなければ、そうした存在者がその存在において理解されたことにならないのはなぜかという問いである。カントがこのような
193 ことを前提としていたのは、おそらく正当なことだろう。しかしこの前提そのものを証明せずにおくことには、いかなる正当性もないのである。

409　投企の構造

理解は、それが開示することのできるもののすべての本質的な次元において、つねにそこにあるさまざまな可能性へと進んでいこうとするのだが、それはどうしてだろうか。それは理解にはそれ自身に、わたしたちが投企と名づける実存論的な構造がそなわっているからである。理解は現存在の存在を、〈そのための目的《ヴォルムヴィレン》〉に向かって根源的に投企する。そしてそれと同じく根源的に、現存在の存在を、そのときどきの現存在の世界性としての有意義性に向けて投企するのである。

理解にそなわるこの投企という性格は、世界内存在の〈そこに現に《ダー》〉が、何らかの存在可能としての〈そこに現に《ダー》〉として開示されているという意味で、世界内存在を構成するものなのである。投企は、事実的な存在可能によって開かれる活動の空間《シュピールラウム》の実存論的な存在機構なのである。現存在は被投されたものであるが、それは投企という存在様式のうちへと、被投されているのである。

この投企は、ある計画を考案して、これにしたがって現存在が自分の存在を調整していくような現存在の態度のこととはまったく関係がない。現存在が現存在であるかぎりで、すでにみずからを投企してしまっているのであり、現存在が現存在であるからには、すでに投企する存在なのである。現存在は存在するかぎり、つねにすでに、そしてつねになお、さまざまな可能性のうちからみずからを理解する。

理解が投企という性格をそなえているということはさらに、理解は〈そのものに向かって《ヴォラウフヒン》〉投企する〈そのもの〉を、すなわちさまざまな可能性を主題として把握していないということである。このように把握したならば、投企されたものからまさにその可能性という性格を奪ってしまうことになり、投企されたものは与えられ、意図された事態の地位にまで引き下げられてしまう。これにたいして投企は〈投げること〉として、自分のために前もって可能性を可能性として投げ掛けておき、可能性として存在させる。理解は投企として、現存在がみずからの可能性を、可能性として存在しているという現存在の存在様式なのである。

410　現存在の存在可能の意味

現存在の存在様式はこのように、投企という実存カテゴリーによって構成されているために、現存在は実際にそうであるよりも、つねに不断に「より以上」であるものとして存在している。たとえ現存在をその存在の事態において、眼前的な存在者であるかのように記録しようとしても、また記録できるとしても、そうなのである。他方で現存在の事実性には、本質的に存在可能が含まれているので、現存在が事実的にそうであるもの〈より以上〉であるということも決してありえない。ただし現存在は可能性の存在であるから、〈より以下〉であることも決してありえない。すなわち、現存在はみずからの存在可能においてはまだそれでないものであっても、実存論的にはすでにそれであるのである。そして〈そこに《ダー》現に〉の存在は理解

194
とその投企という性格で構成されるものであるからこそ、そして現存在はそれがなるものであるか、ならぬものでも［すでに］あるからこそ、現存在は理解しながらみずからに、「汝であるものになれ！」(3)と言い聞かせることができるのである。

411　本来的な理解と非本来的な理解

投企はつねに世界内存在の完全に開示されたありかたにかかわるものであり、理解は存在可能としては、それ自体にさまざまな可能性をそなえている。この可能性の範囲は、理解において本質的に開示されうるものが作りだす領域によって、あらかじめ素描されている。［これらの可能性の範囲についてこれから考えてみよう。まず第一の可能性として］理解が第一義的に世界の開示性のうちにあることができるのであり、現存在がさしあたりたいていは、自分の世界のほうからみずからを理解しうることがあげられる。

あるいは［第二の可能性として］その反対に、理解が第一義的には〈そのための《ヴォルム》目的《ヴィレン》〉のうちにみずからを投げいれ、現存在が現存在そのもの(4)として実存していることもある。理解は［第二の可能性の場合のように］本来的なものとして、おのれに固有の自己《ゼルプスト》そのものから現れているか、［第一の可能性の場合のように］非本来的な理解であるかのいずれかである。

ただし「非」本来的といっても、現存在が固有の自己《ゼルプスト》からみずからを切り離して、世界「だけ」を理解しているという意味ではない。世界は、世界内存在としての現存在の自己存在《ゼルプストザイン》に属しているのである。さらに本来的な理解にも非本来的な理解にも、それぞれに真正なものと真正でないものがありうるのである。

理解は存在可能として、隅から隅まで可能性に貫かれている。しかし理解のこうした根本的な可能性の一つ［としての本来的な理解か非本来的な理解かのいずれか］にみずから専念するということは、それ以外の可能性を退けることではない。むしろ理解は、そのおりおりに、世界内存在としての現存在の全体的な開示性にかかわるものであるから、理解が［いずれかの可能性へ向けて］専念するということは、全体としての投企の実存論的な変様なのである。世界を理解することにおいて内存在はつねにともに理解されており、実存そのものを理解することは、つねに世界を理解することである。

412 **存在可能のありかた**

現存在は事実的な現存在としては、みずからの存在可能を、そのつどすでに理解の何らかの可能性のうちに置きいれてしまっている。

413 **〈貫くまなざし〉**

理解はその投企としての性格から、わたしたちが現存在のまなざしと呼ぶものを実存論的に構成している。その〈まなざし〉は、〈そこに現に《ダー》〉の開示性とともに実存
195
論的に存在する現存在であり、これまで性格づけてきた現存在の存在の根本的なありかたに基づいて、［次のような異なるまなざしとして現れてきた。まず］配慮的な気遣いの〈目配り〉のまなざしとして、［第二に］顧慮的な気遣いの〈気配り〉のまなざしとして現存在に存在している。しかし現存在にはそれらと等根源的なものとして、存在そのものをめがける〈まなざし〉も存在している。この存在そのものをめがける

〈まなざし〉は、現存在がそのつど、〈そのための目的《ヴォルムヴィレン》〉として現にそれであるものをめがけた〈まなざし〉である。

第一義的に、そして全体として実存にかかわるこの〈まなざし〉を、わたしたちは〈貫くまなざし《ドゥルヒジヒティヒカイト》〉と呼ぶことにする。わたしたちは正しく理解された「自己認識」を表現するために、この用語を選んだ。この自己認識の課題は、ある点のようなものとして自己を知覚によって探りだし、それを観察することにあるのではなく、世界内存在にそなわる完全な開示性を、その本質的な機構の構成要素を貫いて理解することによって、それを把握することにあるからである。

　実存しながら存在する者は、世界における自己の存在と他者たちとの共同存在を、等根源的にあるものとみなしながら、それらをみずからの実存を構成する契機として、〈貫くまなざし〉でみずからに見通すときに初めて、「みずから」を〈まなざし〉で見通す［自己認識する］のである。

414

世界への無知

反対に現存在はみずからを〈見通しにくい〉ものであることは、ひたすらそして第一義的に「自己中心的な」自己についての錯覚だけによるものではない。それに劣らず、現存在が世界を知らないでいることによるのである。

415

〈まなざし〉と「見ること」

ただこの〈まなざし〉という表現が誤解されないように注意しなければならない。わたしたちはすでに〈そこに現《ダー》に〉の開示性を性格づけるために、〈明るくされていること〉という概念を使ったが、〈まなざし〉という語はこのことに対応するものである。「見ること」というのは、肉眼で知覚することだけを意味するものではないし、眼前的に存在するものをその眼前性において、純粋に非感性的に受けとることだけを意味するものでもない。

〈まなざし〉の実存論的な意義として重要なのは、〈見ること〉の独特な特徴、すなわち見る者が接しうる存在者を、隠蔽することなくありのまま、見る者に出会わせるというそうした特徴だけである。もちろんそれだけであれば、どの「感覚器官」もそれに固有の露呈させる領域で行っていることである。しかし哲学の伝統では最初から第一義的に、存在者および存在に近づくための様式として、「見ること」を基準としてきた。この伝統との連関を維持するために、〈まなざし〉と〈見ること〉を著しく形式化して、存在者と存在にいたるあらゆる通路を、通路一般として性格づけるための普遍的な用語とすることは可能であろう。

196

416　純粋直観の優位の剝奪

たとえば配慮的な気遣いの〈目配り〉が、分かりやすさ〈フェアシュテンディヒカイト〉としての理解《フェアシュテーエン》であるように、すべての〈まなざし〉は第一義的に、〈理解〉に根拠をもつものであることが示されるならば、これによって純粋な直観はその優位を奪われることになる。直観が優位をもっていたのは、伝統的な存在論においては、眼前的な存在者が［意識の志向性における作用的な側面である］ノエシスから見ての優位をもっていたためである。

しかし「直観」も「思考」も、[5] 理解からすでに遠くかけ離れた派生態にすぎない。現象学的な「本質直観」ですら、実存論的な理解に根拠づけられているのである。まず存在と存在の構造について明示的な概念を獲得しなければ、〈見ること〉の一種である直観について何らの決定も下すことはできないのであり、現象学的な意味で現象となりうるのは、この存在と存在の構造だけなのである。

417　存在理解の可能性

〈そこに現《ダー》に〉が理解において開示されているということ、そのこと自体が現存在の存在可能のありかたの一つである。現存在の存在が〈そのための目的《ヴォルムヴィレン》〉に向けて投企され、かつまた有意義性（世界）に向けて投企されていることに、存在一般の開示性が示されているのである。[6] さまざまな可能性へ向けて投企することのうちに、すでに存在了解があらかじめ先取りされているのである。

存在は、投企のうちで理解されているのであり、存在論的に把握されているわけではない[7]。その本質からして、世界内存在の投企という存在様式で存在する存在者「である現存在」は、みずからの存在を構成する要素として、存在了解をそなえているのである。このようにしてわたしたちが独断的に出発点として設定しておいたことが[*2]、今や存在の構成に基づいて改めて提示されるようになった。というのも、現存在は理解する者として、みずからの〈そこに現に《ダー》〉を存在しているからである。しかしわたしたちの探求の限界にふさわしい形で、この存在了解の実存論的な意味を満足させられる形で解明するという課題は、時《とき》的な（テンポラール）存在解釈に依拠することで、初めて実現できるだろう。

418
〈被投された投企〉

実存カテゴリーである情態性と理解は、世界内存在の根源的な開示性の特徴である。現存在はさまざまな可能性を、「情態性としての」気分に染められながら「見る」のであるが、現存在はまたこれらの可能性のうちに存在しているのである。こうした可能

148

197 性を投企することで開示しながら、現存在はつねにすでに気分に染められている。みずからにもっとも固有な存在可能を投企する営みも、現存在が〈そこに現に《ダー》〉のうちに被投されているという事実に委ねられているのである。〈そこに現に《ダー》〉の存在の実存論的な機構を、被投された投企という意味で説明するならば、現存在の存在はますます謎めいたものになるのではないだろうか。たしかにそのとおりである。わたしたちはまずこの現存在の存在のまったく謎めいたありかたを明らかにしなければならない。たとえその謎の「解決」に真の意味で失敗するしかないとしても、そしてそのために被投されつつ投企する世界内存在の存在について、新たに問いを立てねばならなくなるとしてもである。

419　次の課題

さしあたり情態的な理解の日常的な存在様式を、つまり〈そこに現に《ダー》〉の完全な開示性の日常的な存在様式を、現象的に十分に〈見える〉ようにするためだけにも、これらの実存カテゴリーの考察を具体的に進める必要がある。

原注

＊1　本書第一八節、八五ページ以下［第三分冊、三三ページ以下］を参照されたい。

＊2　本書第四節、一一ページ以下［第一分冊、六〇ページ以下］を参照されたい。

訳注

（1）【欄外書き込み】本文の「実存カテゴリー」のところの欄外に、「これは基礎存在論的に、すなわち存在の真理とのかかわりにもとづいて」と書き込まれている。

（2）「可能性の存在」と訳したのはメークリヒザインであり、この段落の直前にでてくる存在可能《ザインケネン》と対比される。存在可能と可能性の存在の二つの概念の違いについては、解説の二六五ページ以降を参照されたい。

（3）【欄外書き込み】この引用の欄外に、「しかし〈汝〉とは誰のことか。汝がみずからを解き放った者のこと、汝がなろうとしている者のことである」と書かれている。

（4）【欄外書き込み】本文の「現存在そのもの」のところの欄外に「しかし主観や個体としてでも、人格としてでもなく」と書かれている。

（5）【欄外書き込み】本文の「思考」のところの欄外に、「これは〈知性〉としての思考、つまりディアノイアであるが、〈理解〉（フェアシュテーエン）を知性（フェアシュタント）から理解することはできない」と書かれている。

（6）【欄外書き込み】本文の「存在一般」のところの欄外に、「このことにおいて、存在一般の開示性がどのように〈存している〉のか、さらに〈存在 Seyn〉とは何か」と書かれている。

（7）【欄外書き込み】本文の「理解されている」のところの欄外に、「これは、存在が投企のおかげで〈存在する〉ということを意味するものではない」と書かれている。

第三二節　理解と解釈

420　解釈

現存在は理解しながら、みずからの存在をさまざまな可能性に向けて投企する。このように**さまざまな可能性に向けて理解しつつ存在する**ことはそれ自体、存在可能の一つのありかたであり、それはこれらの可能性が開示された可能性として、逆に現存在のうちに戻ってくることによるのである。理解が行う投企には、みずからをさらに発展させる独自の可能性があり、理解がこのように発展することをわたしたちは解釈と呼ぶ。

解釈《アウスレーグング》において理解は、みずから理解したことを理解しつつ、わがものとする。理解は解釈において何か別のものになるわけではなく、理解そのものになるのである。実存論的には解釈は理解に基づいて行われるのであり、解釈に基づいて理解が生まれるのではない。解釈とは、すでに理解していることについて知識を増やすことではない。理解のうちで投企されているさまざまな可能性を仕上げるのが解釈である。

わたしたちはここで日常的な現存在の準備的な分析を進めているのであり、この目的のためにも解釈という現象を、世界の理解にふさわしい形で追跡することにしよう。すなわち非本来的な理解として、ただしその真正な様態において追跡することにする。

421 〈あるものとしてのあるもの〉という構造

配慮的な気遣いをしている存在は、手元的な存在者については、そのつど出会うものがどのような適材適所性をそなえるかを、世界の理解において開示されている有意
198 義性に基づいて理解しようとする。〈目配り〉のまなざしが、あるものを露呈させるということは、すでに理解された世界が解釈されるということである。このようにして手元的な存在者が明示的に、理解する〈まなざし〉のもとに入ってくるのである。

準備すること、整理すること、修理すること、改善すること、補充することなど、
これらのすべては、〈目配り〉のまなざしのもとにある手元的な存在者が、 149
〈〜のために《ウムツー》〉ある目的にふさわしく、解き分けられ、見やすく分けられた状態にふさわしく配慮的に気遣われるというありかたで行われるのである。

このように〈目配り〉のまなざしで、〈～のため《ウムツー》〉の目的にふさわしく、たがいに解き分けられたものは、そのようなものとして、明示的に理解され、あるものとしてのあるものという構造をそなえている。この特定の手元的な存在者が何であるかという〈目配り〉のまなざしからの問い掛けにたいしては、〈目配り〉のまなざしによって解釈することで、答えられる。その答えは、「それは～するため《ツー》のものである」ということになる。

このように〈何のため《ヴォツー》〉という用途を示すということは、たんにそのものを名づけるということではない。このようにして名ざされたものは、問われているものが、「～として《アルス》」考えられるべきそのもの「として」、理解されているということである。理解において開示されたもの、すなわち理解されたものは、そのものにおいて「としてのもの」ということが明示的に浮かび上がってくることができるものとして、つねにすでに近づきやすくなっているのである。

このように「～として《アルス》」は、理解されたものが明示的に示されるための構造をなしている。これが解釈を構成する。〈目配り〉のまなざしで解釈しながら環境世界的な手元的な存在者と交渉することは、この手元的な存在者をテーブル、ドア、車、橋と、して、「見ている」ことであるが、〈目配り〉のまなざしで解釈されたものは、つねに特定の言明によって解き分けられているわけではない。手元的な存在者はすべて、端的に前述語的な形ですでに〈見られている〉のであり、それみずからにおいて、すでに理解されながら解釈されつつあるのである。

しかしここで「〜として」が欠けていることこそ、あるものの純粋な知覚の端的なありかたを示すものではないだろうか「と問われるかもしれない」。「しかしそうではなく」このまなざしの〈見ること〉は、そのつどすでに理解しながら解釈しつつあることなのである。この〈見ること〉のうちには、適材適所性の全体に属する指示連関〈〜のため《ウムツー》〉の明示的なありかたがひそんでいるのであり、そこから端的に出会うものが理解されるのである。存在者を解釈しながら近づけたときに理解されたものは、「あるものとしてのあるもの」を導きの糸として、その存在者についての主題的な言明よりも前に分節化されているのである。

「として」は、この主題的な言明のうちで、初めて登場するものではなく、そこで初めて語られただけである。そもそもこのように言明することができるのは、この「として」がはっきりと語りうるものとしてすでにそこに存在しているからである。

199 たしかに端的に〈眺めやること〉のうちには、明示的に言明されないことが含まれうるが、だからと言ってこの端的に〈見ること〉には、分節化を遂行するいかなる解釈も含まれていないとか、「として」構造も含まれないとか、断定できるわけではない。

むしろ何かとかかわりつつ、もっとも身近な事物を端的に〈見ること〉は、みずからのうちにきわめて根源的な解釈構造を含んでいるのであり、あるものを〈としてなしに〉把握するためには、ある種の構えの変更が必要なのである。あるものを〈ただ目の前にあるものとみなす〉という姿勢は、あるものをもはや理解しないことなのであり、純粋に凝視することのうちに、こうした姿勢はあらかじめ存在しているのである。この〈としてなしに〉把握することは、端的に理解しつつ見ることの一つの欠如態であり、そのように理解しつつ見ることよりも根源的なのではなく、それから派生した態度なのである。「として」が存在者的に語られないからといって、それが理解のアプリオリで実存論的な機構であることを見落とすようなことがあってはならない。

422　解釈の開示機能

わたしたちが手元的に存在する道具を知覚するということは、すでに理解しながら解釈しているのである。すなわち〈目配り〉のまなざしによって、〈あるものをあるものとして〉出会わせているのである。しかしだからと言って、まず純粋に何らかの眼前的な存在者を経験し、それが次にドアとして、あるいは家として捉えられることを意味するものではない。このような見方は、解釈にそなわる特別な開示の機能を誤解するものであろう。解釈とは、いわば裸のままの眼前的な存在者に「意義」をまとわせ、それにある価値を貼りつけるような営みではない。世界内部的に出会われるものそれ自体には、つねにすでに世界理解において開示された適材適所性がそなわっているのであって、解釈はこの適材適所性を取りだしてみせるのである。

423　予持、予視、予握

手元的に存在しているものは、つねにすでに適材適所性の全体から理解されている。この適材適所の全体性を、主題的な解釈によって明示的に捉えている必要はない。この適材適所の全体性にたいしてこうした主題的な解釈が行われたとしても、やがてはまた目立たない了解のうちにもどってゆくものである。そしてこの目立たない様態のうちでこそ、こうした適材適所の全体性は日常の〈目配り〉のまなざしによる解釈のための本質的な基礎となっているのである。

こうした解釈は、そのおりおりに予持（フォアハーベ）のうちに根拠づけられている。解釈は、了解したことをみずからのものとして獲得することであるから、すでに理解された適材適所の全体性を理解しつつかかわる存在のうちで働いている。ところで理解されてはいるものの、まだ覆われているものをみずからのものとして獲得するためには、この〈覆いを取り除く〉必要があるが、そのためには理解されたものをどのような観点から解釈すべきかを定めるための〈眺めやるまなざし《ヒンジヒト》〉につねに導かれ

200 る必要がある。すなわち解釈はそのつど、何らかの予視（フォアジヒト）に基づいているのであり、この予視はすでに〈予持〉のうちに保持されているものに、ある特定の解釈可能性を見越して、「照準を合わせて」おくのである。

このように〈予持〉のうちに保持され、「予視によって」照準を合わせられると、この理解されたものは解釈によって把握できるものになる。解釈する営みでは、解釈すべき存在者に属する概念装置をこうした存在者そのものから汲み取ることもあれば、ときにはこうした存在者の存在様式には適さない概念のうちに、その概念装置を押し込めてしまうこともある。どちらにしても解釈は、最終的にあるいは留保つきで、そのつどすでに特定の概念装置を採用することを決定してしまっているのである。解釈は予握（フォアグリフ）に基づいているのである。

424 解釈の前提となるもの

〈あるものをあるものとして〉解釈することは、本質的にこれらの予持《フォアハーベ》、予視《フォアジヒト》、予握《フォアグリフ》に基礎を置いている。解釈とは、あるものがまず与えられ、次にいかなる前提もなしに、これを把握することなどではない。わたしたちは精密なテクスト解釈において、具体的に特別な解釈を実行する場合などには、「そこに書かれていること」を引き合いにだすことを好む。それでもさしあたり「そこに書かれていること」というものは、解釈者にとって自明に思われ、議論の対象になっていない先入観にほかならない。この先入観は、そもそも解釈とともにすでに「定められたもの」として、すべての解釈の端緒のうちに、必然的に含まれているのである。すなわち予持、予視、予握においてあらかじめ与えられているのである。

425　「予-構造」と「として-構造」のもたらす問い

これらの予持、予視、予握にそなわった「予-」という性格はどのように把握すればよいものだろうか。それは形式的にアプリオリなものと呼んで、片づけることができるものだろうか。わたしたちが現存在の基礎的な実存カテゴリーとして示しておいた理解という営みに、どうしてこの［「予-」］構造がそなわっているのだろうか。そして解釈されたものそのものに固有にそなわる「として」という構造は、このような

［「予－」］構造とどう関係しているのだろうか。
　この現象を「断片に」分解しえないのは明らかである。しかしだからといって、この現象は根源的に分析できないと考えるべきなのだろうか。そしてこうした現象を「最終的なもの」として受けいれるしかないのだろうか。そうだとしても、なぜそうなのかという問いは残る。あるいは理解のこの〈予－構造〉と解釈の〈として－構造〉は、投企の現象と何らかの実存論的かつ存在論的な連関を示しているのだろうか。そしてこの現象は、現存在の根源的な存在機構に立ち返ることを指し示しているものなのだろうか。

201

426　先立つ問い

　これらの問いに答えるためには、これまで考察してきたことだけでは、いかにも不十分であるが、その前に、こうした理解の〈予－構造〉と、解釈の〈として－構造〉として見えるようになったものが、すでにおのずと統一的な現象を示しているのではないかと問うべきであろう。哲学の問題構成においてこの現象がさかんに利用されているのにもかかわらず、このように一般的に利用されている事柄にふさわしい形で、存在論的な説明が根源的な形で行われてはいないのである。

427 **意味とは**

理解の投企において、存在者はその可能性において開示されている。こうした可能性という性格は、そこで理解されている存在者の存在様式に、そのおりおりに対応したものとなっている。世界内部的な存在者一般は、世界に向けて、すなわち有意義性の全体に向けて投企されている。そしてこの有意義性の指示連関のうちに、世界内存在としての［現存在の行う］配慮的な気遣いが、あらかじめ固定されているのである。世界内部的な存在者が、現存在の存在とともに露呈されて、了解されるにいたるとき、それは意味をもつと言われる。しかし厳密には、理解されたのはその意味ではなく、存在者であるか、あるいは存在である。意味とは、あるものの了解可能性がそこで保たれているもののことである。理解による開示のうちで分節することのできるもののことを、わたしたちは意味と呼ぶのである。

意味という概念は、理解する解釈が分節するものに必然的に属する形式的な枠組みを含むのである。［すでに述べたように］意味とは投企が目指していた〈その向かう《ヴォラウ》ところ《フヒン》〉であり、それは、予持、予視、予握によって構造化されているのである。この構造化された〈その向かうところ〉に基づいて、〈あるものとしてのあるもの〉が、理解できるようになる。

理解と解釈は、〈そこに現《ダー》に〉の存在の実存論的な機構を構成するものなのだから、意味とは、理解にそなわる開示性の形式的で実存論的な枠組みであると考える必要がある。意味は現存在の実存カテゴリーであって、存在者に付着していて、存在者の「背後」にあったり、どこかの「あいだの領域」に漂っていたりする属性のようなものではない。意味を「持つ」のは現存在だけであり、それは世界内存在の開示性が、その開示性において露呈させることのできる存在者によって「充実させることができる」からである。

だから意味をもっていたり、無意味であったりできるのは現存在だけである。ということは、現存在に固有な存在と、その存在とともに開示された存在者は、了解においてみずからのものとして獲得されているか、それとも了解されないままで拒まれているかのどちらかなのである。

428　没意味と反意味

「意味」の概念についてのこうした原則的に存在論的かつ実存論的な解釈を堅持す 152
202 るならば、現存在でない存在様式をもつすべての存在者は没意味的な存在者である、すなわちその本質からしてあらゆる意味を欠いた存在者であると考えねばならない。ここで「没意味的な」という言葉は価値評価を示すものではなく、存在論的な規定を示す表現である。そして没意味的なものだけが、反意味的なものでありうる。眼前的な存在者は、たとえば突発的で破滅的な天変地異などの場合のように、現存在のうちで出会われるときに、その現存在の存在といわば衝突することもありうるのである。

429　存在の〈意味〉の問いの意味

そしてわたしたちが存在の〈意味〉を問うということは、ことさらに深い意味を考えだしたり、存在の背後に控えているものをあれこれと考えだしたりするということではなく、現存在の了解可能性のなかに現れた存在それ自体を問うということである。存在の〈意味〉を、存在者と対立するものと考えたり、存在者を支える「根拠」としての〈存在〉と対立するものと考えたりしてはならない。わたしたちが「根拠」に近づくことができるのは、意味としてだけだからである――この根拠そのものが、無意味さの深淵であるとしてもである。

430 解釈学的な循環

理解は〈そこに現〉《ダー》に〉の開示性であるから、つねに世界内存在の全体にかかわる。世界をどのように理解するとしても、そこでは実存がともに理解されているのであり、また実存をどのように理解するとしても、そこには世界がともに理解されているのである。さらにすべての解釈はすでに示したような〈予‐構造〉のもとで行われる。解釈とは、了解に寄与することを目指しながらも、一方では解釈すべきものをすでに理解してしまっているのでなければならない。理解と解釈の派生的なありかたである文献学的な解読においては、この［循環のようにみえる］実際の事柄《タートザッヘ》につねにすでに気づいていた。

こうした文献学的な解読は、学問的な認識の一つの分野である。こうした認識においては、その根拠を示しながら証明するという厳密さが求められる。学問的な証明においては、その根拠を示しながら証明すべき課題を、あらかじめ前提としてはならない。ところが解釈がそのつどすでに理解されたもののうちで行われ、理解されたものを糧としなければならないのだとすると、解釈は循環に陥らずに、いかにして学問的な成果を生みだすことができるのだろうか。とりわけ前提とされている了解の内容が、普通の人間の認識や世界認識の分野にとどまっているものであるときには、この疑問が強まるのである。

ところでこの循環というものは、論理学の基本的な規則によると、悪循環《キルクルス・ウィティオスス》
203 である。そうだとすると、歴史学的な解釈の仕事は、厳密な認識の領域からはアプリオリに排除されることになる。理解にはこのような循環が含まれるのは事実であり、これを取り除かないかぎり、歴史学は厳密さに欠ける認識可能性で満足せざるをえないことになる。

こうした欠陥は、歴史学の「対象」が「精神的な意義」のあるものだということで、ある程度は補うことを認められている。この循環を回避することができるならば、そして自然認識がそうだとされているように、観察者の立場に依存しないような歴史学を、いつの日か作りだすことが期待できるならば、それが理想だろうし、歴史家たちもそれを期待しているのである。

431　悪循環という誤認

しかしこの循環を悪しきもの《ウィティオスム》とみなすこと、それを回避する道をみいだそうとすること、さらにこの循環を回避することのできない不完全さと「感じる」だけでも、理解というものを根底から誤解することなのである。重要なのは、理解と解釈に、何らかの特定の認識についての理想をあてがうことではない。こうした認識の理想というものは実は、それ自身が理解の一つの変種にすぎない。これは、眼前的な存在者をその本質からして了解できないものとして把握するという、それ自体では正当な課題を負うことで、迷路のうちに迷い込むことである。

204

考えうるすべての解釈の根本的な条件を満たすためには、解釈を遂行するための本質的な条件について、まず解釈という営みを誤認しないようにすべきである。決定的に重要なのは、循環のうちから抜けだすことではなく、正しいありかたで循環の中に入りこむことである。この理解の循環というものは、任意の認識様式がそのうちで働いている円環のようなものではなく、現存在そのものの実存論的な予-構造を表現したものなのである。

この循環を、悪しきもの《ウィティオスム》の地位に貶めてはならない——たとえその悪しきものを、やむをえぬものとして認めていてもである。この循環のうちには、もっとも根源的な認識の積極的な可能性がひそんでいる。この可能性を正しく把握するためには、解釈というものについて次のように理解すべきなのである。すなわち解釈の最初の、そして不断の、さらに最終的な課題は、解釈すべき事柄自身に基づいて、その予持、予視、予握を仕上げることにある。しかもそのおりおりにこれらを思いつきや通俗的な概念によってあらかじめ与えられるままに受けとるのではなく、学問的な主題を確保することによって、それを進めることにあるのである。

理解とは、その実存論的な意味からしても、現存在自身の存在可能であるから、歴史学的な認識の存在論的な前提は、精密科学の厳密さという理念よりも、原則的にさらに高い次元にある。数学は歴史学よりも厳密な学とは言えない。数学に求められる実存論的な土台の範囲が、歴史学よりも狭いにすぎないのである。

432 「循環」概念の不適切さ

理解におけるこの「循環」は、意味の構造に属する事態である。そしてこの意味という現象は、現存在の実存論的な機構のうちに、すなわち解釈しつつ理解することのうちに根拠を置いている。世界内存在としてみずからの存在そのもの(1)が重要なものである［現存在という］存在者は、存在論的な循環構造をそなえているのである。とはいえ、そもそもこの「循環」という概念は、存在論的には眼前性（存立）の存在様式に属するものであることに注目するなら、この循環という現象によって、現存在のような存在者を存在論的に性格づけるのは、どうしても避けねばならないのである。

（1）【欄外書き込み】本文の「みずからの存在そのもの」のところの欄外に、「この〈みずからの存在そのもの〉はしかし、それ自体が存在了解によって規定されている。すなわち現存していることの明るみ《リヒトゥング》のうちに立つことによって規定されているのである。そしてこの明るみ《リヒトゥング》も、現存していることそのものも、表象する働きの主題とはならない」と書かれている。

第三三節　解釈の派生的な様態としての言明

433　言明の分析の目標

すべての解釈は理解に基づいている。解釈において構造化されるものそのものと、理解においてそもそも構造化されうるものとしてあらかじめ素描されているものが、意味なのである。言明《アウスザーゲ》すなわち「判断」は、理解に基づいて、解釈を派生的に遂行する形式なのであるから、言明もまた意味を「もって」いる。

154

ただし意味を、ある判断に「即して」、判断を下す働きにともなって現前するものとして定義することはできない。わたしたちがこの探求の連関において言明について明示的に分析する作業には、いくつもの目標がある。

434　三つの目標

第一に、言明を考察することで、理解と解釈を構成している「として」構造が、どのようなありかたに変様されうるかを示すことができる。これによって理解と解釈をさらに鋭い光のもとで考察できるようになるだろう。

205 第二に、言明の分析は、基礎存在論の問題構成のもとで、傑出した位置を占めている。というのも、古代ギリシアの存在論の決定的な端緒において、「言明や言葉を意味する」ロゴスの概念が、本来的に存在するものに近づいていくため、そしてこの存在者の存在を規定するために、唯一の導きの糸の役割をはたしていたからである。

最後に、言明は昔から、真理の第一義的で本来的な「ありか」とみなされてきた。この真理という現象は存在問題ときわめて密接に結びついているので、わたしたちの探求も考察を進めるうちに必然的にこの真理の問題に直面することになる。それどころか暗黙のうちにではあるが、わたしたちはすでにこの真理の問題の次元に立ちいっているのである。言明の分析は、この真理という問題構成をともに準備するものである。

435　言明の三つの意義

以下では言明という名称に、三つの意義を割り当てる。これらの意義は、この「アウスザーゲという」名称が語る現象から汲みとってきたものであり、たがいに連関しあっていて、その統一体のうちで、言明の完全な構造が描き出されているのである。

436　提示としての言明

第一に、言明とは第一義的には提示を意味する。この提示という意味において、アポファンシス（語り）としてのロゴスの根源的な意味が堅持されている。これは、存在者をその存在者自身のほうから見えるようにすることである。「このハンマーは重すぎる」という言明について考えると、ここで〈まなざし〉にたいして露呈されるのは「意味」のようなものではない。ある存在者がその手元存在性のありかたにおいて露呈されているのである。この存在者が、すぐに手がとどき、「目のとどく」近さに存在していないときにも、この提示はその存在者そのものを指し示しているのであり、それについてのたんなる表象を指し示すわけではない。つまりそれは「たんなる表象されたもの」ではないし、これを言明した者の心的な状態、すなわちこの存在者についてそれを言明した者が表象する働きのようなものでもない。

437 叙述としての言明

第二に、言明には、「叙述」という意味がある。すなわちある「主語」にたいして、ある「述語」が「言明される」のである。主語は述語によって規定される。この意味で言明において「言明された」ものは述語などではなく、［主語の］「ハンマーそのもの」である。そして言明するもの、すなわち規定するものは、ここでは［すなわち例としての言明「このハンマーは重すぎる」においては」、「重すぎる」に示されている。
言明のこの第二の意義で言明されたもの、すなわち規定されたものそのものは、言明 155
の第一の意義において言明されたものと比較すると、内容的に狭められている。どの
206 〈叙述〉も、提示することによってのみ叙述される。言明の第二の意義は、第一の意
義をその基礎としているのである。

叙述する構造を形成する「主語と述語」というそれぞれの項は、提示することのうちで生まれてくる。規定することによって初めて「何ものかが」露呈されるのではなく、規定することは、提示の一つの様態として、〈見ること〉の範囲を制限して、さしあたりまさにおのれを示すもの、ここではハンマーそのものに狭めるのである。そしてまなざしをこのように明示的に制限することによって、あらわなものをその規定性において明示的に見えるようにするのである。

規定する営みは、すでにあらわになっているこの重すぎるハンマーを前にして、さしあたり一歩だけ後退する。「主語の定立」は、存在者を「そこにあるハンマー」へと絞り込み、「次に」その絞りを緩めることで、あらわなものをその規定可能な規定性において見えるようにする。主語の定立も述語の定立も、さらに「その述語の」付

加も、語の厳密な意味で、どこまでも「アポファンシス的」なのである。

438　伝達としての言明

　第三に、言明は伝達を、［他者に］言葉として語ることを意味する。言明はこの伝達する行為として、言明の第一の意義と第二の意義に直接に結びついている。これは［第二の意義での］規定するというやりかたで［第一の意義の］提示されたものを、〈ともに見えるようにする〉のである。この〈ともに見えるようにする〉ということは、その規定性において提示された存在者を、他者とともに分かち合うということである。

　これによって「分かち合われた」ものは、提示されたものに向かって共同で見る存在であるが、提示されたものにかかわるその存在は、世界内存在として、すなわち提示されたものがそこから出会うところであるその世界のうちの存在として確認しておく必要がある。このように実存論的に理解された伝達としての言明には、言葉として語ることという性質が含まれるのである。

　言明されたことはともに伝達されたことであり、言明する者は他者たちとともにこれを「分かち合う」ことができる。たとえ他者たちのなかには、このようにして提示され、規定された存在者そのものを、手や目のとどく近さにおいてもっていない者がいたとしてもである。言明されたことは、「さらに言い伝えられる」可能性がある。

見ることで〈たがいに分かち合われる〉範囲は次第に広くなる。しかし同時に、〈さらに言い伝え〉られることで、提示されたものがふたたび覆い隠されることがある。それでもこうした聞き伝えにおいて生まれた知識と情報は、たんに次々と広まっていく「妥当する意味」を「肯定する」ようなものではなく、やはりその存在者そのものを指している。聞き伝えでさえある世界内存在なのであり、〈聞かれたこと〉に向かう存在なのである。

439 妥当概念の三つの意味とその限界

207 最近では、「妥当」という現象を手引きとした「判断」についての理論が有力であるが、この理論についてここで詳細に考察することはできない。ロッツェ以来というもの、この「妥当」という現象は、それ以上はさかのぼることのできない「原現象」

であるともてはやされているが、[1] この現象にはいろいろと疑わしいところがあることを指摘しておけば十分だろう。妥当という現象がこのような〈原現象〉という役割をはたすとされているのは、たんにそれが存在論的に解明されていないからにすぎない。この「妥当」という言葉の〈偶像〉の周囲で定着している「問題構成」も、それに劣らず不透明なものである。

〔第一に〕妥当が意味するのは現実性の「形式」であると主張されることがある。しかしこれは、判断過程を「心的に」変動するものであると想定した上で、妥当はこれにたいして不変なものとして存立するとみなし、こうした形式が判断の内容にそなわると考えるものである。そのことを、「妥当」は「理念的《イデアール》な存在」であるとも語られる。しかしわたしたちがこの論文の序論で性格づけた存在への問い一般の状態から考えるならば、「妥当」が特別な存在論的な明晰さをもって「理念的《イデアール》な存在」であることが示されるとは、まったく期待することもできない。

第二にそれと同時に〈妥当〉とは、〔ある妥当な判断が行われた際にその〕判断の意味が、その判断において考えられている「客観」に妥当することだとされている。こうして妥当は、「客観的妥当性」や客観性一般という意味へとずれてゆく。

こうした意味は存在者についても「妥当する」ものであり、それ自体は「無時間的」に妥当するとされるようになる。［さらに第三の意味として］こうして理性的に判断するすべての者にとって妥当するという意味で「妥当する」と考えられるようになる。すると妥当とは、いまや拘束性、つまり「普遍的な妥当性」のことにほかならなくなる。さらに主観は「本来は」客観のところまで「出てくる」ことはないという「批判的な」認識論の立場に立つならば、客観についての妥当としての妥当性、客観性としての妥当性は、真なる（！）意味が妥当しながら存立することに基づいていると主張されるようになる。

このようにここで、理念的《イデアール》なものの存在のありかたとしての妥当、客観性としての妥当、拘束性としての妥当という三つの意義について検討したが、どれもそれ自体として不透明であるだけでなく、たがいにたえまなく絡みあっていて、混乱しているのである。このような明確でない概念を解釈の導きの糸としないことが、方法論的に慎重さを重んじる姿勢だろう。

わたしたちは〈意味〉の概念を初めから「判断の内容」という意義に限定してしまうことを避けて、すでに述べてきたような実存論的な現象として理解する。理解にお

208 いて開示され、解釈において分節されうるものの形式的な枠組みは、この現象において初めて見えるようになるのである。

440　言明の実存論的な土台

　ここで、これまで分析してきた「言明」の三つの意味を統一的なまなざしで眺めて、完全な現象として総括してみよう。すると言明とは、伝達しながら規定する提示である、と定義することができる。すると次の問いに答える必要がある――〈わたしたちはそもそもどのような権利をもって言明を、解釈の一つの様態として捉えることができるのか〉という問いである。もしも言明がそのようなものであれば、わたしたちは言明のうちに、解釈の本質的な構造をふたたびみいだすことができるはずである。

　言明による提示は、理解のうちですでに開示されていたもの、あるいは〈目配り〉のまなざしによって露呈されていたものを土台として行われる。言明は、みずから自力で存在者一般を開示しうるような宙に浮いたものではない。言明はむしろ、すでにつねに世界内存在という土台の上に維持されているのである。

すでに世界の認識について示したことが、[*1]言明についても同じようにあてはまる。言明はそもそも開示されているものを〈予持〉する必要があり、このように開示されたものを、言明は規定というありかたで提示する。規定するための端緒を定めるためには、これから言明しようとすることについて、すでに特定の方向が定められた〈眺めやり《ヒンブリックナーメ》〉が必要となる。あらかじめ与えられている存在者が、それにたいして照準を合わせられている〈ところのその場所《ヴォラウフヒン》〉こそが、その規定を遂行する際に、規定するものとしての機能をはたすのである。このようにして、言明は〈予視〉を必要とするのであり、この〈予視〉において、わたしたちが浮き彫りにし、それに割り当てようとしている述語が、存在者そのもののうちにまだ明示的に表現されずに閉じ込められている状態から、解きほぐされてくるのである。

　さらに規定しながら伝達することとしての言明には、そのつど提示されたものをその意義に即して分節する営みが含まれるのであり、こうした営みはつねにある特定の概念装置のもとで行われる。たとえば〈ハンマーは重い〉、〈このハンマーには重さがある〉、〈このハンマーは重さという特性をそなえている〉などである。このように言明のうちにはつねに〈予握〉がともに含まれているのであるが、そこに含まれた〈予握〉は目立たないものであることが多い。というのも、言語にはそのつどすでに、形成された概念装置が含まれているからである。このように言明は解釈一般と同じように、必然的に〈予持〉〈予視〉〈予握〉のうちに実存論的な土台をそなえているのである。

209

441 解釈の派生的な様態としての言明

すでに言明は解釈の派生的な様態であることを指摘してきたが、どのような意味で派生的なのだろうか。言明において、解釈のどこが変様したのだろうか。この変様について明らかにするために、言明の極端な事例を考察することにしよう。こうした極端な事例は、論理学においては正常な事例として、しかも「もっとも単純な」言明現象の見本として挙げられているものである。

論理学において言明の定立命題を主題にするとき、たとえば「このハンマーは重い」と語るときには、いかなる分析も行う前から、その命題で主題とされるものを「論理学的に」理解してしまうのである。そこでつい、この命題の「意味」として、このハンマーという事物に重さという特性があることを前提にしてしまうのである。ところが配慮的な気遣いの〈目配り〉のまなざしには、そのような［命題の意味についての］言明は「さしあたりは」与えられていない。しかしこのまなざしに特有の解釈のやりかたがあるのであって、そのありかたは、すでに述べた「理論的な判断」との関連では次のように表現できるだろう。「このハンマーは重すぎる」あるいはむしろ「重すぎる」、だから「もっと別のハンマーを！」。

解釈を根源的に遂行するということは、理論的な言明の命題を語ることではなく、不適切な作業道具を〈目配り〉のまなざしで配慮的に気遣いながら、「余計な言葉を語らずに」その道具を脇に退けたり、［適切なものに］交換したりするということである。言葉が欠けているからといって、解釈が行われていないと結論してはならない。また他方、〈目配り〉のまなざしによる解釈が言葉として語られる場合にも、それがまだ定義された意味での言明であるとはかぎらない。どのような実存論的かつ存在論的な変様によって、〈目配り〉のまなざしによる解釈から[2]、言明が登場するのだろうか。

442 「として‐構造」における変様

〈予持〉のうちに保持されていた存在者、たとえばハンマーは、さしあたり道具として手元に存在している。この存在者が言明の「対象」となると、言明命題が始まるとともに、〈予持〉のうちにある転換が先だって起こるのである。〈それでもって〉〈ヴォミット〉「作業に」かかわり、配置してきた手元的な存在者は、〈それについて〉 158
〈ヴォリューバー〉提示しながら言明すべきものになってしまう。〈予視〉は、手元的な存在者における眼前的なものを目指すのである。

このような「眼前的なものに向けられた」〈眺《ヒ》めやるまなざし《ンジヒト》〉によって、そして〈眺めやるまなざし〉にとって、手元的な存在者の手元存在のありかたは覆い隠されてしまう。眼前的な存在のありかたが露呈されることで、手元的な存在のありかたは
210 隠蔽されてしまうのであり、このような露呈のもとで、そこで眼の前で出会う存在者が、それにふさわしい眼前的なありかたで規定されるのである。

こうして初めて特性のようなものが語られるための通路が開かれる。言明はその眼

前的な存在者をあれこれのものとして、規定するが、そのように規定されるあれこれのものは、眼前的に存在しているものそのものから汲みとられる。このようにして、解釈にそなわっていた〈として－構造〉は、ある変様をこうむったのである。

この「として」は、理解したものをわがものにするという機能をはたしながら、もはや適材適所性の全体性のほうにまで手を伸ばそうとはしない。こうした「として」は、指示連関を分節する可能性をそなえているものだが、ここでは環境世界を構成する有意義性からは切り離されている。この「として」は、たんに眼前的に存在するものの均質な平面に押し戻されている。それは眼前的に存在するものを〈ただ見えるだけのもの〉として規定する構造にはまり込んでいる。このように、〈目配り〉のまなざしによる解釈の根源的な「として」を、眼前性の規定の「として」へと平板化すること、これこそが言明の特徴である。そうすることで初めて、言明は純粋に眺めやりなが《ヒンゼーエント》ら提示することができるようになる。

443　解釈学的な〈として〉と語り《アポファンシス》的な〈として〉

このように、言明について存在論的に考察するならば、それが理解しながら解釈することから生まれることは、否定できない。ここでは、〈目配り〉のまなざしで理解している解釈（ヘルメーネイア）にそなわる根源的な「として」を、実存論的で解釈学的な「として」と名づけて、言明の語り的な（アポファンシス的な）「として」と区別することにする。

444　中間段階

このように、配慮的な気遣いによる理解のうちにまだ完全に隠されている解釈の正反対の事例となっているのが、眼前的な存在者について語る理論的な言明であり、そのあいだにはさまざまな中間段階が存在する。たとえば、環境世界において発生した出来事についての言明、手元に存在するものの描写、「状況報告」、「実情」の調査と記録、事態の記述、事故の報告などがある。これらの「命題」を理論的な言明の命題にひきもどすならば、必ずやそれぞれの意味に本質的な転倒が発生することになろう。これらの命題は〈目配り〉のまなざしによる解釈のうちにその「源泉」をもっているのであり、理論的な命題さえもそうなのである。

445　語り的な〈として〉への注目

ロゴスの構造についての認識が進むと、この語り的《アポファンティッシュ》な「として」も、何らかの形で注目されずにいられなかった。これがさしあたりどのような形で注目されたかは偶
211
然によって決まることではなく、その後の論理学の歴史にも影響を及ぼさずにはおかなかったのである。

446　古代の存在論におけるロゴスの探求

哲学的に考察するならば、ロゴスそれ自体も一つの存在者であり、古代の存在論の

方向性にしたがうと、一つの眼前的な存在者である。さしあたり眼前的に存在しているもの、すなわち事物と同じように眼の前に存在しているものはさまざまな言葉であり、言葉と言葉のつながりであり、こうした言葉と言葉のつながりのうちでロゴスがみずからを語りだす。

このように眼前的に存在しているロゴスの構造を探求する最初の試みによって、多数の言葉が眼前的に集まって存在しているありさまが発見された。この〈集まり〉を統一しているものは何だろうか。プラトンが洞察したように、この統一を作りだしているものは、ロゴスがつねに〈何ものかについてのロゴス〉（ロゴス・ティノス）であるということだった。複数の言葉が集まって、一つの語として合成されるのは、ロゴスのうちであらわになっている存在者を〈眺める《ヒンブリック》〉ことによってである。

アリストテレスはさらに根源的に考えた。アリストテレスによるとあらゆるロゴスは、総合《シュンテシス》であると同時に分離《ディアイレシス》でもある。そして一方だけ（たとえば「肯定判断」）であることも、他方だけ（たとえば「否定判断」）であることもない。むしろあらゆる言明は、それが肯定するものであろうと否定するものであろうと、真であろうと偽であろうと、等根源的に総合《シュンテシス》であり、かつまた分離《ディアイレシス》でもある。提示するということは［総合の働きとして］まとめることであるだけではなく、［分離の働きとして］別々に分けることでもある。

ただしアリストテレスはこの分析的な問いをさらに進めるまでにはいたらなかった。ロゴスの構造に含まれているどのような現象によって、あらゆる言明が総合であり、同時に分離であると性格づけることが許され、要求されるようになるのかというところまでは、問わなかったのである。

447　ロゴス論の崩壊

アリストテレスが「総合」と「分離」という形式的な構造で、さらに正確に表現すればこの二つの統一態によって現象的に言い当てようとしたのは、［すでに考察してきた］「あるものとしてのあるもの」という現象である。この構造に基づいてあるものは、あるものに照らして、それと一緒に理解されるのであるが、この理解しながら〈つきあわせること〉は、まとめられたものを解釈しながら分節するのであり、同時にばらばらに分離して考えるのである。

この「として」の現象が覆い隠されていると、そしてとくにそれが解釈学的な「として」を実存論的な起源とするものであることが覆い隠されていると、アリストテレスがロゴスの分析のために利用していた現象学的な端緒は崩壊してしまい、やがては
212 外面的な「判断論」になってしまう。この「判断論」によると、判断とは表象や概念の総合ないし分離であるとされてしまう。

448 記号論理学の立場

この総合と分離をさらに形式化すると、これを「関係」とみなすことができるようになる。記号論理学の観点からみると、判断は「帰属」の体系のうちに解消され、「計算」の対象とされるが、存在論的な解釈の主題とされることはない。総合《シュンテシス》と分離《ディアイレシス》を分析的に了解できるかどうか、判断一般における「関係」を分析的に了解できるかどうかは、その時点における原理的で存在論的な問題構成の水準と密接に関連しているのである。

449

コプラの意味

この存在論的な問題構成が、ロゴスの解釈にどれほど強い影響を及ぼすか、そして反対に「判断」の概念が、存在論的な問題構成に入りこんで、どれほどまでに奇怪な反作用を及ぼすかということを示しているのが、繫辞の現象である。この繫辞《コプラ》という「結合辞」が明らかにしているのは、まず総合の構造が自明なものとして考察の端緒に置かれていること、そしてこの総合の構造がさらに解釈において基準となる機能をはたしていることである。

しかしロゴスを事象にふさわしいかたちで構造分析するためには、「関係」や「結合」という形式的な性格は現象的にはまったく寄与できなかったのであるから、結局のところは繫辞という語によって示されている現象も、結合辞や結合とはまったく関係のないことなのである。だから言明と存在了解が現存在そのものの実存論的な存在可能性であることを考えると、繫辞の「である」とその解釈は、言語的にことさら明確に表現されていようと、動詞の活用語尾で示されているだけであろうと、実存論的な分析論の問題連関のうちに入ってくるのである。だから存在の問いを仕上げる営みにおいて（第一部の第三篇を参照されたい）、ロゴスの圏内におけるこの［繫辞という］特異な存在現象に、ふたたび出会うことになるだろう。

213

450 古代の存在論の欠陥

ここでのさしあたりの目的は、言明が解釈と理解からどのように派生してくるかを示し、それによってロゴスの「論理学」が、現存在の実存論的な分析論に根ざすものであることを明らかにすることにあった。これまでのロゴスの解釈が存在論的には不十分なものであったことが認識されると、古代ギリシアの存在論が誕生してきた土台である方法論的な基礎が、根源的なものではなかったという鋭い洞察もえられることになる。

古代においてロゴスは眼前的に存在するものとして経験され、そのようなものとして解釈されていた。それと同じようにロゴスが提示する存在者もまた、眼前存在するものという意味をそなえるようになったのだった。この［眼前存在するものという］存在意味は、みずからについてその違いを意識することがなく、他の存在可能性と比較して、明確に浮き彫りにされることもない。そのため同時に、形式的に〈あるもののありかた〉という意味での存在と混同され、それぞれのありかたの純粋で領域的な区別をすることもできなかったのである。(3)

原注

＊1　本書第一三節、五九ページ以下［第二分冊、八二ページ以下］参照。

訳注

(1)　ロッツェの価値哲学と〈妥当〉の概念への批判については、第三分冊の解説三一〇ページ以下を参照されたい。

(2)　【欄外書き込み】本文の「解釈から」のところの欄外に、「言明は、解釈のどのようなありかたの変様によって遂行されうるか」と書かれている。

(3)　【欄外書き込み】本文の「できなかった」のところの欄外に、「フッサール」と書かれている。

第三四節　現-存在と語り。言語

451　言語の主題的な分析

〈そこに現に《ダー》〉の存在、すなわち世界内存在の開示性を構成している基礎的な実存カテゴリーとして、わたしたちはこれまで情態性と理解を示してきた。理解のうちには解釈の可能性が含まれている。解釈とは、理解されているものをわがものとすることだからである。また情態性は理解と等根源的であるので、何らかの了解のうちにとどまっている。そのことによって情態性はまた、ある解釈の可能性に対応しているのである。

また言明を考察することで、解釈の極端な派生態を明らかにしてきた。言明の第三の意義として伝達（言葉として語ること）について解明することで、わたしたちは言うこと、語ることという概念に導かれた。本書ではこれらの概念についてこれまで注目しないできたが、それには十分な意図があったのである。
ここで初めて言語を主題とするが、その目的はこの現象が現存在の開示性の実存論的な機構に根ざしたものであることを示すことにある。言語の実存論的かつ存在論的な基礎は、語りである。これまで情態性、理解、解釈、言明について解釈しながらも、 161
すでにこの語り《レーデ》という現象を不断に利用してきたのであるが、主題として分析することは控えてきたのである。

214

452　実存カテゴリーとしての語り

語りは、実存論的には情態性と理解と等根源的なものである。解釈によって理解がわがものとされる前から、了解可能性はつねにすでに構造化された状態になっていた。語りが、この了解可能性を分節するのである。だから語りはすでに解釈や言明の基礎となっているのである。わたしたちは解釈において、そしてさらに根源的にはこのようにすでに語りにおいて分節することができるものを〈意味〉と呼んでいたことになる。語りが分節することによって構造化したものを、わたしたちは意義の全体と名づける。この意義の全体はさらに個々の意義に分解することができる。個々の意義は、分節可能なものが分節されたものであるから、つねに意味をそなえている。

語りは、すでに述べたように〈そこに現《ダー》に〉の了解可能性を分節するものであるから、開示性の根源的な実存カテゴリーである。そしてこの開示性は第一義的には世界内存在によって構成されるのだから、語りもまた本質的には、固有の世界にかかわる存在様式をそなえていることになる。世界内存在の情態的な了解可能性は、語りとしてみずからについて話しだすのである。了解可能性の意義の全体は、言葉として語られる。言葉において育ってくることで、その意義が生まれるのである。その反対に言葉という事物に、意義が与えられるのではない。

453 語りと言語

語りが外に向かって発話されると、それが言語になる。言語は言葉の全体性であり、語りはその内部で固有の「世界的な」存在をそなえており、このように世界内部的な存在者になることで、手元存在するものと同じように、眼の前にみいだされるようになる。言語は破砕されて、眼前的に存在する言葉という事物になることもありうる。語りは実存論的に言語として存在する。というのも、語りが意義に応じてその開示性を分節してみせる存在者「現存在」[1]は、被投され、「世界」に委ねられた世界内存在という存在様式をそなえているからである。

454　聞くことと沈黙すること

語りはこのように現存在の開示性の実存論的な機構であるから、現存在の実存を構成するものでありうる。語りつつある言語には、可能性として聞くことと沈黙することが含まれる。語りが実存の実存性を構成する機能をはたしていることは、この二つの現象において初めて完全に明確になる。まず語りそのものの構造を明らかにすることから始めよう。

215

455 ～についての語り

語りは世界内存在の了解可能性を「有意義化する」ことで構造化する営みであるが、この世界内存在には共同存在ということが含まれている。だから世界内存在はそのつど、配慮的な気遣いをする共同相互存在という特定のありかたのうちに保たれている。この共同相互存在は、承諾することと拒絶すること、要請することと警告することとして、また討論や相談や他人のとりなしとして、さらに「供述」したり、「演説」したりするというありかたで、語りつつある。

語りは、〈～について〉《ユーバー》語るということであり、この語りが〈それについて〉〈ヴォリユーバー〉語ることとは、規定しつつ語る言明の主題という性格をかならずしもそなえているとはかぎらず、多くの場合はそうした性格をそなえていない。命令も〈～について〉《ユーバー》下されるものであり、願いも〈それについて〉《ヴォリユーバー》の願いである。他人のとりなしも、〈それについて〉《ヴォリユーバー》のとりなしである。

語りにはこの〈それについて〉《ヴォリユーバー》という構造契機が必然的にそなわっているのである

162

が、それは語りが世界内存在の開示性を［他の契機と］ともに構成する働きをするからであり、世界内存在という現存在の根本機構をつうじて、みずからに固有な構造をあらかじめ形成されているからである。このように語りにおいて〈語られたこと〉は、つねに特定の観点から、特定の限界のうちで「語りかけられた」ことである。すべての語りのうちに、語られたこと（ゲレーデテス）そのものが含まれているのであり、それはそれぞれの願望、質問、発言において、〈～について《ユーバー》〉言われていることそのものである。語りはこの〈～について《ユーバー》〉言われたことのうちでともに伝達されるのである。

456　伝達の意味

伝達という現象は、すでに［言明の］分析において示したように、存在論的に広義に理解する必要がある。たとえば情報の提供のような言明による「伝達」は、実存論的に原理的な意味で捉えた伝達の一つの特別な場合である。このように存在論的に広義に捉えた伝達のうちで、理解しあう共同相互存在は分節され、構成される。こうした分節によって、共同的な情態性と共同存在の了解が「分かちあわれる」のである。伝達は、意見や願望などの体験を、ある主観の内面から別の主観の内面へと運ぶようなことではない。共同現存在はその本質からして、共同的な情態性と共同の理解において、すでにあらわにされている。共同存在は語りにおいて「明示的に」分かちあわれるのである。すなわち共同存在は、それとして把握されず、わがものとされることなしに、はっきりと分かちあわれることなしに、すでに存在しているのである。

457　語りの「語りつくす」性格

〈～について《ユーバー》〉の語りはすべて、それが語ったことによって伝達するものであるが、この語りには同時に、みずからを語りつくすという性格がある。現存在が語りながらみずからを外へと語るのであるが、それは現存在がさしあたっては「内的なもの」として、外部にたいして隔絶されているからではなく、世界内存在として理解しながら、
216
すでに「外部に」存在しているからである。語りつくされたことは、まさに外部的な存在[2]であり、すなわちそのつどの情態性（気分）の示すありかたである。この情態性

が、内存在の完全な開示性にかかわるものであることはすでに指摘した。語りにはこのように情態的な内存在を告知するという働きがあり、それを示す言語的な指標《インデックス》として、音声の抑揚、口調、語りのテンポ、〈語り口〉などがある。情態性に含まれた実存論的な可能性を伝達することは、実存を開示することであり、これが「詩作」の語りに固有の目標となることがある。

458　語りを構成する契機

語りは、世界内存在の情態的な了解可能性を、意義に即して構造化することである。こうした語りを構成する契機としては、語りが〈それについて《ヴォリューバー》〉語る事柄（語られたこと）、語られている事柄そのもの、伝達、告知などがある。これらは言語において、ただ経験的に集められた特性のようなものではなく、現存在の存在機構に根ざした実存論的な性格である。こうした性格によってこそ、言語のようなものが存在論的に初めて可能となる。

特定の語りが、事実として示す言語の形態においては、これらの契機のいつくかが欠けていたり、気づかれないままになっていたりすることがある。これらの契機は「言葉として」表現されないことが多いとしても、それはその語りの特定の様式を示す指標《インデックス》となるだけである。語りが語りとしてあるかぎりは、すでに述べたようなさまざまな構造の全体性のうちで、そのつど存在しなければならないのである。

459 「言語の本質」

これまで「多くの論者によって」「言語の本質」を捉えようと試みられてきたが、こうした試みではつねにまた、これらの契機のいずれかに焦点を合わせながら、「表現」とか、「象徴形式」とか、「言明」としての伝達とか、体験の「告知」とか、生の「形式化」などの理念を導きの糸として、言語を捉えようとしてきたのである。

しかし言語について完全に十全な定義を示そうとするならば、これらの多様な規定の断片を折衷してつなぎあわせても、何の成果もえられないだろう。決定的に重要なのはあいかわらず、現存在の分析論に基づいて、語りの構造の存在論的で実存論的な全体をあらかじめ仕上げておくことであろう。

217

460

聞くことによる了解

語りが理解および了解可能性と関連したものであることは、語りそのものに属する実存論的な可能性の一つである〈聞くこと〉から明らかになるだろう。わたしたちは「よく」聞こえなかったときに、「分からなかった」と言うが、これは偶然ではない。聞くことは、語りを構成するものである。そして言語的な発声が語りに基づいているように、音響的な知覚は聞くことに基づいているのである。

〈～に耳を傾ける〉ことは、共同存在としてのある現存在が、他者にたいして実存論的に開かれていることである。〈聞くこと〉はさらに、それぞれの現存在の心にそなわる友の声に耳を傾けることとして、現存在がみずからにもっとも固有な存在可能へ向かって第一義的に、しかも本来的に開かれていることを構成する。

現存在は理解するから、聞くのである。他者とともにあり、理解しつつある世界内存在として、現存在は共同現存在と自己自身に「耳を傾けつつ」存在しているのであり、この〈耳を傾ける姿勢〉において、連帯的なのである。共同存在はたがいに耳を傾けあうことにおいて育つ。こうした〈たがいに耳を傾けあうこと〉に可能なありかたとしてはつき従うことや、ともに進むことがあり、欠如的な様態としては、耳を傾けないこと、抵抗すること、頑固になること、離反することなどがある。

461 〈聞き耳を立てること〉

この実存論的に第一義的な〈聞きうること〉に基づいて、聞き耳を立てるようなことも可能になる。このことは、心理学では「さしあたり」〈聞くこと〉として規定されていること、すなわち音響の感受や音声の知覚などよりも、現象的にはさらに根源的なものである。〈聞き耳を立てる〉ことは、理解しながら聞くことの存在様式である。わたしたちが「さしあたり」耳にするのは、たんなる騒音や音のざわめきではなく、車のきしむ音であり、オートバイの音なのである。わたしたちは行進中の縦隊の足音、北風、幹をつつくキツツキの音、ぱちぱちとはぜる火の音を聞くのである。

218

462　「純粋な騒音」と了解の関係

「純粋な騒音」を「聞く」ことができるためには、すでにきわめて人為的で複雑な 164
身構えが必要である。他方でわたしたちがさしあたりオートバイや車の音を聞くということは、現存在は世界内存在として、そのつどすでに世界内部的な手元的な存在者のもとに身を置いているということ、そしてさしあたり決して「感覚」のもとにいるのではないことを示す現象的な証拠である。わたしたちがもしも「感覚」のもとにいるのであれば、まず無定形な感覚的なものの集まりに形式を与え、次に跳躍するための〈板〉のようなものを主体に与えて、そこから主体が跳躍して「世界」に跳び込むようなことが必要だろう。現存在はその本質からして理解しつつあるものであり、さしあたり理解されたもののもとにあるのである。

463　他者の語りを聞くということ

他者の語りをことさらに注意しながら聞いているときでも、わたしたちがさしあたり理解するのは、語られていることである。正確に言えば、わたしたちはあらかじめすでに他者とともに、それについて語られている存在者のもとに存在しているのである。それとは逆に、わたしたちがさしあたり聞くのは、声に出して語られた言葉だと考えられるかもしれないが、そうではないのである。だから語られたことがよく聞こえない場合や、あるいはまったく知らない言語で語られた場合でも、わたしたちが聞くのはさしあたり理解できない言葉であって、与えられた音の多様な集まりのようなものではない。

464　「言葉遣い」の評価

わたしたちは語りが〈それについて《ヴォリューバー》〉語っていることに「自然に」耳を傾けながら、

それが言われている語り方、すなわち「言葉遣い」にも同時に耳を傾けることができるが、それもただ、語られていることについて、あらかじめともに理解しているからである。そうでないと、相手の言い方が、語りの主題となっている〈それについて《ヴォリューバー》〉にふさわしいものであるかどうかを評価することもできないだろう。

465　**相手に答えること**

同じように、相手に答えながら語るということも、すでに共同存在において語りの〈それについて《ヴォリューバー》〉としての内容を、「分かちあい」ながら理解していることから、さしあたり直接に生じるのである。

466　**耳を傾けて聞くこと**

語ることと聞くことの実存論的な可能性が与えられているからこそ、人は〈聞き耳を立てる〉ことができる。［聴覚器官に障害があって］「聞くことができない」ので「感じるしかない」ような人でも、逆にそれだからこそ、おそらくはきわめてよく〈聞き耳を立てる〉ことができるだろう。〈あちこち聞いて回るだけ〉のような行為は、聞きながら理解することの欠如態である。語ることと聞くことは、理解することに根拠づけられている。多くを語ることによっても、忙しく尋ね回ることによっても、理解は生まれない。すでに理解している人だけが、耳を傾けて聞くことができるのである。

467　沈黙することができるには

語ることとの別の本質的な可能性として、沈黙することがあるが、この行為も同じ実存論的な基礎をそなえている。たがいに語りあっていながらも沈黙している人は、語る言葉が尽きないような人よりも、さらに本来的に「理解させる」ことが、了解を深めることができるものである。あることについて多くを語ったからといって、了解がさらに深まるという保証はまったくない。その反対であり、多弁を弄することは理解されたものを隠蔽することであり、すでに理解されていたことに見掛けだけの明瞭さ
219
を与え、ありきたりの表現によって理解しがたさのうちにひきずりこむのである。

しかし沈黙するということは、言葉を語る能力がないということではない。言葉が不自由な人は反対に「発言すること」を望む傾向をそなえている。こうした人には、自分が沈黙できることを証明していないだけでなく、それを証明するいかなる可能性も欠けている。こうした人だけでなくふだんから寡黙な人も、自分がそのとき沈黙していること、そして沈黙することができることを示すことができない。いつも何も語らないような人は、いざという瞬間に沈黙することができない。本来的な沈黙が可能なのは、真の語りのうちにおいてだけである。

沈黙しうるためには、現存在には何か語るべきことがなければならない(3)。すなわち自分自身の本来的で豊かな開示性が身近にそなわっていなければならない。そのときに〈黙していること〉が何かをあらわにするのであり、「世間話」を抑えるのである。〈黙していること〉は、語ることの一つの様態であって、現存在の了解可能性をきわめて根源的に分節するのである。そこからこそ、真の意味での〈聞きうること〉や、透明な共同相互存在が生まれるのである。

468　言語学の課題

〈そこに現《ダー》に〉の存在にとっては、すなわち情態性と理解というありかたをする存在にとっては、語りがその存在を構成する意味をそなえている。しかし現存在ということは世界内存在であるということであり、現存在は語りつつある内存在として、すでにみずからを語りによってあらわにしている。現存在は言語をもつのである。

古代のギリシア人はその日常的な実存において、主としてたがいに語りあうことに重点を置いていた。そのギリシア人たちが、前哲学的な現存在の解釈においても、哲学的な現存在の解釈においても、人間の本質を「言葉をもつ動物《ゾーオン・ロゴン・エコン》」(4)と定義すべきだということを見るだけの「目をもっていた」ということは、偶然のことだろうか。この人間の定義は、後に「理性的な動物《アニマル・ラティオナレ》」という意味で解釈された。この解釈は「間違い」ではないが、現存在のこの定義が生まれてきた現象的な土壌を覆い隠すものである。

人間はみずからを、語る存在者として示す。そのことが意味しているのは、人間に

220 は、声に出して言葉を語りうる可能性がそなわっているということではない。この存在者は世界と現存在そのものを露呈させるというありかたで存在しているということである。ギリシア人は、言語を示す特別な言葉をもっていなかったので、この現象を「さしあたり」語りとして理解した。しかし哲学的な省察においてはロゴスが主として言明として現れたために、「言明としての」このロゴスを導きの糸として、語りの形式とさまざまな要素の根本構造について考察が深められたのである。

　そして文法学は、その基礎をこのロゴスの「論理学」に求めたのだった。しかしこの論理学は、眼前的な存在者の存在論に依拠するものだった。後世の言語学に継承され、原則的に現在も標準的な役割をはたしている「意義のカテゴリー論」の根幹の部分は、言明としての語りに焦点を合わせているのである。

　しかしこの語りという現象を、実存カテゴリーとして、原則的な根源性と広がりにおいて捉えるならば、言語学を存在論的にさらに根源的な土台の上に据え直す必要性が明らかになる。文法学を論理学から解放することが求められているのであり、この課題を遂行するためにはあらかじめ、語り一般のアプリオリな根本構造を、実存カテゴリーとして積極的に了解する必要がある。伝承されたものをたんに改善したり、補

166 足したりすることで事後的に、この課題を遂行することはできないのである。

このことを考慮にいれるならば、理解可能なもの一般にかんして、意義にふさわしい形で可能な構造化の根本形式はどのようなものであるかを問うべきなのであり、[論理学において] 理論的な考察において認識され、命題として表現された世界内部的な存在者に可能な構造化の根本形式だけを問うべきではないのである。

意義論というものは、かけ離れた言語をできるかぎり多く、包括的に比較することで、おのずと形成されるものではない。さらにたとえばヴィルヘルム・フォン・フンボルトが言語を問題にしたさいに想定していた哲学的な地平をそのまま踏襲すればよいというものでもない。意義論は、現存在の存在論に根ざしているのである。それが成功するか失敗するかは、この存在論の命運にかかっている。*1

469 哲学的な言語研究の課題

221 結局のところ哲学的な研究においても、言語一般はどのような存在様式をそなえているかを問う決意をしなければならない。言語は世界内部的に手元に存在する道具なのだろうか、それとも現存在という存在様式をそなえているのか、あるいはそのどちらでもないのか。言語が「死語」になることがあるのは、どのような存在様式をそなえているからなのか。ある言語が栄えたり、衰えたりするというのは、存在論的にどういうことなのか。

わたしたちには言語学があるが、その言語学が主題にする存在者の存在は暗いままである。この言語の存在を探求する問いの地平すら覆われたままなのである。言語のさまざまな意義がさしあたりたいていは「世界的な」ものであり、世界の有意義性によってあらかじめ素描されているのは、偶然なのだろうか。それどころか、それが「空間的な」ものでさえあることが多いのは、偶然なのだろうか、それともこうした「実際のありかた」は、実存論的かつ存在論的に必然的なことなのだろうか、そうだとすれば、なぜなのか。哲学的な研究は、こうした「事象そのもの」を問い尋ねるために、「言語哲学」のようなものを断念しなければならないだろう。そして概念的に明確にした問題構成の立場へと進む必要があるだろう。

470　語りの解釈の役割

ここに示した言語についての解釈が目指しているのは、言語というこの現象が、現存在の存在機構の内部においてどのような存在論的な「場所」を占めているかを示すこと、そして何よりも、語りという基本的な存在様式を導きの糸としながら、その他の現象との連関を保ちつつ、現存在の日常性を存在論的にさらに根源的に解明しようとする以下の分析の準備をすることにあるにすぎない。

原注

＊1　意義論については、エトムント・フッサール『論理学研究』第二巻の第一研究と第四研究から第六研究を参照のこと。さらにこの問題構成の根本的な把握については、前掲の『イデーン』第一部の第一二三節以下、二五五ページ以下を参照されたい。

訳注

（1）【欄外書き込み】本文の「そなえている」のところの欄外に、「言語にとっては、被投性ということが本質的なものである」と書かれている。

（2）【欄外書き込み】本文の「外部的な存在」のところの欄外に、「これは〈そこ《ダ》に現《ー》に〉ということである。すなわち、開かれた場所として、外にさらされていること」と書かれている。

（3）【欄外書き込み】本文の「語るべき」のところの欄外に、「そして語られるべきことは何か？　存在（Seyn）である」と書かれている。

（4）【欄外書き込み】本文の「エコン」のところの欄外に、「人間は〈取り集める者〉である。人間は存在（Seyn）を取り集める者であり、存在者の〈開け〉のうちにありつづける（ただしこのことは背景にとどまる）」と書かれている。

B 〈そこに現に《ダー》〉の日常的な存在と現存在の頽落

471 世人《ひと》への問い

わたしたちの解釈では、世界内存在の開示性に含まれる実存論的な構造へとさかのぼってきたのであるが、その際にある意味では、現存在の日常性を見失ってしまっていた。そのためわたしたちの分析において、端緒の主題としていたこの［日常性という］現象的な地平をふたたび取り戻す必要がある。ここで問われる問いは、世界内存在は、日常的には世人《ひと》という存在様式で存在しているのであるが、この世界内存在の開示性には実存論的にみて、どのような性格がそなわっているのか、また世人《ひと》には、それに特有な情態性や、特別な理解、語り、解釈のありかたがそなわっているのかということである。

現存在はさしあたりたいていは世人《ひと》のうちに没頭しており、世人《ひと》によって支配され

222 ていることを想起するならば、この問いに答えることがますます切実に必要とされる。現存在は被投された世界内存在であるのだから、さらにさしあたりは世人《ひと》の公共性のうちに投げ込まれているのではないだろうか。この公共性は、世人《ひと》に固有の開示性のことではないのだろうか。

472 世人《ひと》の分析のもたらすもの

わたしたちは理解を第一義的には、現存在の存在可能として把握しなければならない。そこで見てとられるのは、世人《ひと》にそなわる理解と解釈のありかたを分析することによって、世人《ひと》としての現存在はみずからの存在のどのような可能性を開示しているか、そしてわがものとしているかということである。他方でこれらの可能性そのものは、日常性の本質的な存在傾向をあらわにするものである。そしてこの日常性について存在論的に十分に解明したならば、現存在の根源的な存在様式があらわになるはずである。こうした根源的な存在様式に基づいて、すでに示唆しておいた被投性という現象を、実存論的かつ具体的に提示できるようになるだろう。

473　分析の課題

さしあたり必要とされるのは、世人《ひと》の開示性、すなわち世人《ひと》の語り、まなざし、解釈の日常的な存在様式を、特定の現象に即して明らかにすることである。これらの現象について付言しておくべきことは、わたしたちの解釈は純粋に存在論的な意図で行われるものであって、日常的な現存在の道徳主義的な批判とも、「文化哲学的な」野心とも、かけ離れたものであるということである。

第三五節　世間話

474　日常的な語りの分析の課題

「世間話《ゲレーデ》」という表現は、それを貶めるつもりで使っているわけではない。この表現は術語としては、日常的な現存在の理解と解釈の存在様式を構成している積極的な現象を示すものとして使っているのである。語りはたいていはみずからについて語るものであり、すでにつねにみずからを語ってしまっている。

語りは言語である。しかし語られたもののうちには、そのつどすでに了解と解釈がそなわっている。〈語られたこと〉としての言語のうちに、現存在が了解したものがすでに解釈された形で宿っている。言語もこの解釈された内容も、どちらもただ眼前的に存在するものではなく、その存在そのものが現存在にふさわしいものになっている。

さしあたり、そしてある程度までは不断に、現存在はこうした解釈された内容に委ねられているのであり、こうした解釈された内容によって、平均的な理解や、それに応じた情態性のもつ可能性が規制され、割り当てられている。〈語られたこと〉は、その構造化された意義連関の全体のうちに、開示された世界の理解を保護しているのであり、このことと等根源的に、他者たちの共同現存在と、そのつど固有な内存在についての理解を保護しているのである。

このようにして〈語られたこと〉のうちに保たれている了解は、そのつどに達成され、あるいは伝承された存在者の露呈されたありかただけでなく、そのつどの存在了解にもかかわるのであり、さらに新たな端緒となる解釈や概念的な分節のために利用できる可能性や地平にもかかわる。

ただしわたしたちは、現存在がいつもすでに解釈されているというたんなる事実を指し示すだけでなく、語られた語りが、そして語りだす語りが、どのような実存論的な存在様式をそなえているかを、いまや問う必要がある。語りは、眼前的なものとして把握することはできないのだとしたら、語りの存在はどのようなものだろうか。語りの存在は原理的に、現存在の日常的な存在様式について、どのようなことを語っているのだろうか。

475 伝達の目的

みずからを語りだす語りは伝達である。伝達の存在傾向が目指すのは、語りにおいて語られていることにおいて開示された存在に、聞き手を参与させることである。

476　平均的な了解可能性

みずから語りだした〈語り〉において示された言語には、すでに平均的な了解可能性が含まれている。この平均的な了解可能性に応じて、伝達された語りは十分に理解できるようになる。その際に聞き手は、語りが〈それについて《ヴォリューバー》〉語る存在者を根源的に理解しつつ存在するわけではない。ひとは語られている存在者について理解するというよりも、すでにただ語られたことそのものしか、耳にとめていない。語られたことは理解されるものの、語りが〈それについて《ヴォリューバー》〉語る存在者については、ただおおまかに理解するにすぎない。ひとはみな語られたことについて同じ平均的なありかたで理解しているので、同じような意見をもつようになるのである。

477　世間話の成立

聞くことと理解することは、語られたことそのものに最初からいわば〈しがみついている〉のである。伝達は、語られた存在者とのあいだの第一義的な存在連関を「分かちあう」ことはない。共同相互存在は語られたことをたがいに語りあい、配慮的に気遣いながら生活しているのである。共同相互存在にとって大切なのは、〈何かが語られる〉ということである。語られたこと、格言、箴言などはそれだけで、その語りとその了解が真正で、妥当なものであることを保証するのである。

　こうした語りは、語られた存在者とのあいだの第一義的な存在連関を失ってしまっているか、あるいはそもそも最初から獲得していないために、この存在者を根源的にわがものにするというありかたで伝達が行われることがなく、口伝えとか受け売りというありかたで伝達されるのである。語られたことはますます広い範囲で語られるようになり、やがては権威的な性格をおびるようになる。ひとがそう言うのだから、そうなのだというわけである。

　このような受け売りや口伝えでは、もとから地に足のついたものではなかった語りが、そのつくべき〈地〉を完全に失ってしまうのであり、こうしたところに世間話《ゲレーデ》が成立するのである。ただしこうした世間話は話し言葉での受け売りにかぎられるものではなく、文章として「書きなぐられたもの」としても広まってゆく。こうした受け売りは、聞きかじりに基づくものというよりも、読みかじりを糧としているのである。読み手の平均的な了解によっては、どれが根源から汲み上げられ、苦労して獲得されたものであるか、どれが受け売りされたものであるかを見極めることは決してできないだろう。それだけでなく、平均的な了解はそもそもこのような違いを見極めることを望んでおらず、必要としてもいないだろう。それはすべてのことをすでに理解しているからである。

478　世間話と公共性

世間話が、根づくべき〈地〉を失っているからといって、それは世間話が公共性の場に立ち入ることを妨げるのではなく、むしろそのことを助長する。世間話は、あらかじめ事象をわがものとしておかずに、すべてを理解する可能性である。世間話は、事象をこのようにわがものとしようとして失敗することの危険から、あらかじめ守ってくれるのである。誰でもどこからでも集めてくることのできる世間話によって、ひとは真の意味で理解するという課題から免除されるだけでなく、無差別な了解可能性が作りだされる。この了解可能性にとってはもはや、理解できないことは何一つとしてない。

479　語りの世間話への転倒

語りは、現存在の本質的な存在機構に属するものであり、現存在の開示性をともに
構成するものであるが、他方では世間話になってしまう可能性がある。そして世間話
になった語りは、世界内存在を構造化された了解のもとに開示するのではなく、むし
225 ろそれを閉鎖してしまい、世界内部的な存在者を覆い隠すのである。そのためには世
間話が、欺こうという意図をもつ必要はない。世間話は、あるものを別のものとして
意図的に言いたてるような存在様式をそなえていないのである。

〈開示すること〉が〈閉鎖すること〉に転倒してしまうには、根づくべき〈地〉を失ったままに言われ、さらに語り伝えられるだけで十分である。というのも、言われたことはさしあたりつねに、何かを「言いつつある」こと、何かを露呈させつつあることとして理解されているからである。このように世間話は、語られたことの〈地〉

に立ち戻ることを怠るというもとからそなわる不作為によって、最初から一種の〈閉鎖〉なのである。

480　**問いや対決の抑止**

さらに世間話では、語られていることについてはすでに了解されたものと考えられているので、この思い込みに基づいて、すべての新しい問いやあらゆる対決が抑止され、独特なやりかたで抑え込まれ、遅らされるので、この〈閉鎖〉はいっそう厳しいものとなるのである。

481　**解釈内容の汚染力**

現存在においてはこのような世間話による解釈が、そのつどすでに固定されている。わたしたちは多くのことをさしあたり、このようなありかたで知るのであり、こうした平均的な理解の水準を超えて知るようになるものはごく少ないのである。現存在はこのような日常的に解釈されたことのうちで育ってくるのであり、これから逃れることはない。

すべての真なる理解、解釈、伝達、新たな露呈、みずからの新たな獲得は、こうした解釈のうちで、そうした解釈に基づき、あるいはそれに抵抗して実現される。いつか現存在が、この解釈された内容に汚染されず、誘惑もされずに、「世界」自体という自由な土地を目の当たりにして、自分が出会うものをしっかりと見つめるようなことには、決してならない。

この公共的な解釈内容の支配は、すでに気分に染められている存在のさまざまな可能性を、すなわち現存在が世界から影響される根本様式をすでに決定してしまっている。世人《ひと》は情態性をすでに素描しているのであり、これによってひとが何をどのように「見るか」が規定されているのである。

482 〈根を失った〉存在

ここで確認したようなありかたで閉鎖する世間話は、現存在の根を失った了解の存

在様式である。しかしこれは眼前的な存在者にみられる眼前的な状態としてあるもの
ではない。世間話そのものが、不断に根を失っているというありかたで、実存論的に
根を失っているという事態なのである。これを存在論的に表現すると、世間話のうち
226 で暮らしている現存在は、世界内存在でありながらも、世界とも、共同現存在とも、
内存在そのものとも、第一義的で根源的で真正な存在関連による結びつきをもてなく
なっているということである。この現存在はいわば宙に浮いたままで暮らしているか
のようであり、いつもこのようなありかたで、なおつねに「世界」のもとにあり、他
者とともにあり、みずからにかかわっている。

このように〈根を失った〉存在でありうるのは、情態的に理解する語りによって構成された開示性をそなえた「現存在という」存在者だけであり、言い換えればこの存在論的な機構においてみずからの〈そこに現に《ダー》〉であり、「世界内」の存在である存在者だけである。この〈根を失った〉ありかたは、現存在の非存在をなすものであるどころか、現存在のもっとも日常的で、きわめて根強い「実在性」をなすものである。

483　土台の喪失の不気味さ

こうした平均的な解釈内容のうちに暮らすことによって、［現存在は］自明性と安心をもって暮らすことができるが、こうした暮らし方をする現存在は、その解釈内容に守られながら、次第に自分の土台を喪失してしまう可能性がある。しかしそれにもかかわらず、現存在は自分の宙に浮いた生き方の不気味さを、それが隠されているために、そのつど自覚することができないのである。

第三六節　好奇心

484　明るみと〈まなざし〉の意味

理解と〈現〉の開示性一般について分析した際に、自然の光《ルメン・ナトゥラレ》について指摘し、内存在の開示性を現存在の明るみと名づけておいたのだった。〈まなざし〉のようなことはこのような明るみのうちで初めて可能になるのである。わたしたちはすべての現存在にそなわる開示の根本様式である理解に基づいて、この〈まなざし〉というものを把握した。この〈まなざし〉は、存在者を真の意味でわがものとする営みであり、現存在はみずからに本質的な存在可能にしたがって、これらの存在者に向かうことができるのである。

485　「見ること」を好む好奇心

〈まなざし〉の根本的な機構は、「現存在の」日常性には、「見ること」を好む特別な存在傾向があることのうちに示されている。わたしたちはこの存在傾向を好奇心という用語で呼ぶ。特徴的なことに、この好奇心《ノイギーア》という言葉は、ただ見ることだけにかぎらず、独特で知覚的な態度で世界と接しようとする傾向をも表現している。わたしたちはこの好奇心という現象を、原則的に実存論的で存在論的な意図から解釈しよう
227 とするのであり、認識をとくに重視する狭い方向性で解釈しようとするものではない。

すでに早い時期から、すなわち古代ギリシアの哲学において、認識が「見ることの欲望」に基づいて把握されてきたのは偶然ではない。存在論に関するアリストテレスの文章を集めた書物の最初の論文は、「すべての人間はその本性からして見ることを望むものである」という文章で始まっている。[*1] 人間の存在のうちにはその本質からして、見ることへの関心が存在しているということである。

この文章によって一つの探求が始まるのだが、この探求は存在者とその存在をめぐる学問的な研究の起源を、現存在のこうした［見ることを望む］存在様式のうちに探し出そうとするものである。［哲学という］学問の実存論的な誕生についてギリシア人がこのように解釈したのは偶然ではない。この解釈において、「というのは、思考する《ノエイン》こととは存在する《エイナイ》ことと同じことであるから」というパルメニデスの命題のうちに素描されていたものが、明示的に了解されているのである。

パルメニデスによると、存在とは純粋に直観しながら知覚することのうちに現れるものであり、この〈見ること〉だけが存在を露呈させる。この純粋な直観のうちには、根源的で真正な真理が存在している。このテーゼはその後の西洋の哲学の土台でありつづけた。ヘーゲルの弁証法の動機もこのテーゼのうちにあり、そのテーゼに基づいてのみ、ヘーゲルの弁証法が可能になったのである。

486　アウグスティヌスの「眼の欲情」

なかでもアウグスティヌスが欲情《コンクピスケンティア》の解釈において、この「見ること」の注目すべき優位に着目していた。アウグスティヌスは「見ることは本来、目の働きである。しかしわたしたちは他の感覚能力についても、この〈見る〉という語を使うのであるが、それは認識するためにその感覚のうちに身を置くときのことである。つまりわたしたちは〈それがどのようにきらめくかを聞け〉とか〈それがどのように輝くかを嗅げ〉とか〈それがどのように照るかを味わえ〉とか〈それがどのように光るかを触れ〉などと言うことはなく、これらのすべてについて見よというのであり、これらのすべては〈見える〉と言うのである。しかしわれわれは眼に見えるものについてだけ、
228 〈それがどのように照るかを見よ〉と言うばかりではない。〈それがどのように響くかを見よ〉とか〈それがどのように匂うかを見よ〉とか〈それがどのような味であるかを見よ〉とか〈それがどのように硬いかを見よ〉とも言うのである。そこから、感覚

能力の経験はどれも〈眼の欲情〉と呼ばれるのである。なぜならば認識するさいには眼の働きが優位に立つが、その他の感覚能力もある種の類似によって、眼の働きと同じように働くからである」[*2]と語っているのである。

487　眼による知覚の欲望

ただひたすらに「眼によって」知覚しようとするこの傾向は、どのようなものなのだろうか。現存在のどのような実存論的な機構において、この好奇心という現象は理解することができるのだろうか。

488　世界内存在からの自由

世界内存在はさしあたり、配慮的に気遣いつつある世界のうちに没頭している。配慮的な気遣いは〈目配り〉のまなざしに導かれており、この〈目配り〉のまなざしが手元的な存在者を露呈させ、それを露呈されたままの姿で確保している。〈目配り〉

のまなざしは何かを手元に取り寄せたり、何かを実行したりするときには、そのための処理の道筋を示し、実施するための手段を示し、適切な時期や瞬間を示す。もちろん配慮的な気遣いは、こうした実行を中断して休むこともあるし、仕事を終えて休息するという意味で休むこともある。こうした休息において配慮的な気遣いがなくなるわけではないが、〈目配り〉のまなざしはそれによって解放される。〈目配り〉のまなざしはもはや仕事の世界にしばられていない。

このように休息しているときに、気遣いは解放された〈目配り〉のまなざしのうちにとどまる。仕事の世界を〈目配り〉のまなざしによって露呈させる営みは、〈距離を取ること〉という存在性格をそなえている。しかし解放された〈目配り〉のまなざしには、もはや配慮的な気遣いによって〈近づける〉べきものが、手元にはまったくない。しかし〈目配り〉のまなざしの本質は「距離を取る」ことであるから、〈目配り〉のまなざしには「距離を取ること」の新しい可能性が生まれる。すなわち、身近にある手元的な存在者から離れて、遠くの見知らぬ世界に向かおうとする傾向があるのである。

気遣いは休息し滞在しながら、「世界」をその外見だけで見る可能性はないのかと、あれこれと配慮的に気遣う。現存在は、遠く離れたものをその〈外見〉だけで近づけようとして、そのためだけに遠くのものを求める。現存在はただ世界の外見だけに魅惑される。これは現存在の配慮的な気遣いの一つの存在様式であって、この存在様式において現存在は、世界内存在としての自分のありかたから、そして身近にある日常的な手元的な存在者にかかわる存在であることから、自由になろうとするのである。

489　好奇心の三つの構成契機

自由になった好奇心が、配慮的な気遣いにおいて見ようとするのは、見たものを理解すること、すなわち見られたものにかかわる存在になることではなく、ただ見るために見ようとすることである。好奇心はただ新奇なものを求めるだけであり、しかもそこからまた別の新奇なものに跳び移るためである。この〈見ること〉が気遣うのは、把握することでも、知ることにおいて真理であることでもなく、世界に向けてみずからを委ねることができるかどうかである。

このため好奇心は、もっとも身近なもののもとにとどまらない固有な落ち着きのなさを特徴とする。好奇心はこうして、観察しながらとどまるための閑暇を求めず、つねに新奇なものを求め、つねに新たなものに出会うことを求め、それによって生まれる不断の活動と興奮を求めるのである。好奇心は落ち着きなくとどまることをせず、つねに気晴らしの可能性を配慮的に気遣っている。好奇心は、感嘆しながら存在者を観察することとしての〈驚くこと《タウマゼイン》〉とはまったく関係がない。驚くことによっては、自分の無知の自覚に導かれるが、好奇心はそれには関心をもたない。好奇心は配慮的に気遣うことで知ろうとするが、それはたんにすでに知ってしまった状態になるためである。

このように好奇心を構成する二つの契機がある——配慮的に気遣われる環境世界における落ち着きのなさと、新たな可能性を求める気晴らしである。そしてこの二つの契機が、好奇心という現象の第三の本質的な性格を基礎づける。これをわたしたちは所在のなさと呼ぶことにしよう。好奇心はいたるところにいるが、どこにもいない。世界内存在のこの様態によって、日常的な現存在の新たな存在様式があらわにされる。そしてこの存在様式において現存在は、たえまなく〈根を失って〉いるのである。

490　世間話と好奇心が保証する「生き生きとした生活」

世間話はまた、好奇心の歩むべき道筋をも管理している。世間話は、ひとが読んでおくべき書物とか、ひとが見ておくべきものなどについて語る。好奇心は〈いたるところにいるが、どこにもいない〉という性格によって、世間話にふけっている。〈語り〉の日常的な存在様態である世間話と、〈まなざし〉の日常的な存在様態である〈好奇心〉は、いずれも〈根を失う〉という傾向をそなえたものとして、たんに併存しているのではなく、一方のありかたが他方のありかたを引きつけるのである。

好奇心は何ごとも包み隠したままにしておかず、世間話は何ごとも理解しないでは
230 おかない。これらはみずからたがいに、すなわちそのように存在する現存在に、これこそ真の「生き生きとした生活」なのであるという保証を与える。しかしこの思い込みとともに、日常的な現存在の開示性を性格づける第三の現象［曖昧さ］が姿を現す。

＊1　アリストテレス『形而上学』第一巻第一章九八〇a二一［邦訳は『アリストテレス全集』第一二巻、岩波書店、一九六八年、三ページ。原文で引用されている］。

＊2　アウグスティヌス『告白』第一〇巻第三五章［邦訳は服部英次郎訳、岩波文庫、下巻、七〇ページ。ハイデガーはこの引用部分で、まずアウグスティヌスのラテン語の本文を引用し、一文ごとに後にドイツ語の訳文をつづけている］。

第三七節　曖昧さ

491　曖昧さの発生

日常的な共同相互存在において、誰でも近づくことができ、誰もがそれについてあらゆることを言えるものに出会うようになると、真の理解において開示されているものは何か、開示されていないものは何であるかが、もはや決定できなくなる。この曖味さは、世界だけに及ぶものではなく、共同相互存在そのものにも及ぶようになり、現存在がみずからにおいてかかわる存在にまで広がってくる。

492 〈かぎつけていること〉

あらゆることは、いかにも真の意味で理解され、捉えられ、語られているようにみえるが、根本ではそうではないことがある。反対にすべてがそのようにはみえないが、根本ではそうであることもある。この曖昧さは、現存在が使用し、享受するために近づくことのできるものを処理し、管理する営みにかかわるだけではなく、すでに存在可能としての理解のうちに、現存在のさまざまな可能性を投企し、あらかじめ与えておくやりかたのうちにも根づいているのである。

誰もが、何が眼の前に存在しているか、何が起こるかを知っているし、議論することができるだけでなく、誰もがすでにまた、何が起こるべきなのか、何がまだ眼の前には存在していないが、「本来なら」なされねばならないかを語ることができる。そのようにして誰もがつねにすでに、他者たちが予感し、かぎつけていることを、まえもって予感し、かぎつけてしまっている。このように〈かぎつけていること〉は、たとえ聞きかじりによるのだとしても（というのは、真の意味で「跡をつけている」「かぎつけている」ならば、決してそれについては語らないものだからだ）、きわめて油断のならないありかたである。こうしたありかたにおいては、曖昧さは現存在にさまざまな可能性をあらかじめ提示しておくものの、その可能性のもつ力をすでに窒息させてしまっているのである。

493　世間話の復讐

231

ここで、ひとが予感し、かぎつけていたことがある日、現実に実現したとしてみよう。ところが曖昧さはそのような場合にそなえて、実現された事柄にたいする人々の関心がすぐに失われるように、すでに配慮してしまっているのである。こうした関心が生まれうるのは、好奇心と世間話というありかただけで、人々が責任も負わずに一緒に〈ただ予感するだけ〉でいられるかぎりのことである。

174

ひとがかぎつけているときに、そしてそのあいだだけは、このような〈ともに立ち会う存在〉でありうるが、予感されたことが実現され始めると、その跡をつけてゆくことはできなくなる。それが実現されると、現存在はそのつど自分の持ち場に戻らざるをえなくなるからである。こうして世間話と好奇心はその力を失う。しかしこれらはすぐに復讐を始める。ひとが一緒に予感していたことが実現されるのをみて、世間話はすぐに次のことを確認する。〈それは自分にもできたはずのことだ、だって自分でも人々と一緒になって予感していたことなのだから〉と。やがて世間話は、自分が予感し、つね日頃から要求していたことが現実に生起すると不機嫌になるのである。これでさらに予感しつづける機会がそもそも失われるではないか、と恐れるからである。

494　真の創造性の可能性

しかし現存在が専心しながら沈黙のうちに実行し、真の意味で挫折するようなときに経験する時間は、「機敏に生きている」世間話の時間とは違って、公共的にみると本質的にはるかにゆっくりと流れる時間である。そのあいだに世間話はほかのものに、その時点でもっとも新奇なもののところに、とっくにたどりついている。

かつて予感されていて、やっと実現されたことは、このもっとも新奇なものからみると、あまりに遅れている。世間話と好奇心はその曖昧さによって、真の意味で新たに創造されたものが登場するときには、公共性にとってすでに陳腐なものになっているように取り計らうのである。このように新たに創造されたものが、その積極的な可能性において自由に力を発揮することができるのは、隠蔽する世間話が無力になってしまい、「世俗的な」関心が失われてしまってからのことである。

495　現存在の見誤り

公共的な解釈のもつ曖昧さは、先走りの議論や好奇心に基づく予感のようなものを、本当の出来事だと言い触らし、［実際の］遂行や行為に〈遅れ馳せなもの〉とか〈些細なもの〉という刻印を押すのである。このため世人《ひと》として現存在を理解するならば、現存在はさまざまに投企しながらも、その真正の存在可能性については不断にみずからを見誤るのである。現存在はつねに曖昧なかたちで、「そこに現《ダー》に」存在している。

232 この「そこに現《ダー》に」というのは、共同相互存在においてということであり、まさにそこの共同相互存在の公共的な開示性においてということである。そこでは、かしましい世間話やあら探しの好きな好奇心が「仕事」に励んでいるのである。そこでこそ、毎日のようにすべてのことが生起するようにみえながらも、根本的には何ごとも生起してはいないのである。

496 曖昧さが好奇心と世間話に与えるもの

この曖昧さは、好奇心には、それが探しているものをつねにこっそりと教えてやり、世間話には、そこですべてのことが決定されているような見掛けを与えるのである。

497 他者の存在

しかし世界内存在の開示性のこうした存在様式が、共同相互存在そのものもまたあますところなく支配しているのである。他者はさしあたり、ひとがその他者について聞いてしまっていることに基づいて、ひとがその他者について語り、知っていることに基づいて、「そこに現《ダー》に」存在している。根源的な共同相互存在のあいだには、さしあたり世間話が滑りこむのである。誰もがまずさしあたり他者に注意していて、他者がどのようにふるまい、それについてどう語るのかを見守っている。世人《ひと》としての共同相互存在は、たがいに自己に閉じこもり、無関心な個人が隣り合わせで存在しているようなものでは決してない。そこでは緊張して曖昧に注意しあっているのであり、ひそかにたがいに盗み聞きしあっているのである。〈たがいのため〉という仮面のもとで、たがいの敵意が働いている。

175

498　世人《ひと》への抵抗

ここで注意すべきことは、この曖昧さはわざと偽装したり歪曲したりしようとする明示的な意図から初めて生じるようなものではないし、個々の現存在によって初めて呼び出されるようなものでもないということである。この曖昧さは、世界に被投された共同相互存在として、現存在がともにたがいに存在していることのうちに、初めから含まれている。しかし公共的には曖昧さはむしろ隠されている。だからわたしたちが世人《ひと》によって解釈されているという、こうした存在様式について解釈したとしても、ひとはそうした分析が的中していることを否定し、つねにこれに抵抗するだろう。こうした現象の解明の正しさを、世人《ひと》の賛成をえることで確証したいと考えるのは、誤解であろう。

499　存在連関の考察

これまで世間話、好奇心、曖昧さという現象を、それら自身の現象のあいだに、すでに存在連関が存在しているのが自然に明らかになるようなやりかたで浮き彫りにしてきた。そこでいまや、こうした存在連関のもつ存在様式について、実存論的かつ存在論的に捉えることが必要になってきた。現存在についてこれまで確認された存在構造の地平において、日常性の根本的な存在様式を理解すべきなのである。

233

第三八節　頽落と被投性

500　頽落とは

世間話、好奇心、曖昧さは、現存在が日常的にみずからの「そこに現に《ダー》」を存在しているありかた、すなわち世界内存在の開示性を特徴づける性格である。これらの性格は、現存在にそなわる実存論的な規定性であるから、そのあたりに眼前的に存在するものではなく、現存在の存在をともに構成する働きをしている。これらの性格において、さらにこれらの性格のうちにある存在固有の連関において、日常性の存在の根本的な様式があらわになる。わたしたちはこれを現存在の頽落と呼ぶことにしよう。

501　本来性と非本来性

　この頽落という呼び名は、否定的な評価を表現したものではない。現存在がさしあたりたいていは配慮的に気遣っている「世界」のもとに存在していることを示すものである。このように「〜のもとに」没頭しているということは、現存在は多くの場合、世人《ひと》の公共性のうちに自己を喪失して存在するという性格をそなえているということである。現存在は本来的な自己の存在可能としての自己から、さしあたりつねにすでに脱落しており、「世界」へと頽落しているのである。

　このように「世界」に頽落しているということは、世間話、好奇心、曖昧さによって導かれた共同相互存在のもとに没頭しているということである。すでにわたしたちは現存在の非本来性について指摘したが[*1]、いまやこの非本来性が頽落の解釈によってさらに鋭く規定されることになる。

　しかし非本来的であるとか、本来的でないということは、あたかも現存在がこれらの存在様態において、みずからの存在をそもそも喪失してしまっているかのように、

「本来的に存在しない」ことを意味するのではない。非本来性という言葉で語ろうとしているのは、〈もはや世界内存在でない〉というようなことではない。非本来性とはそれどころか、顕著な形で世界内存在を構成しているのであり、世界内存在が「世界」と、世人《ひと》として存在する他者の共同現存在とに、完全に心を奪われているありかたなのである。

〈おのれ自身として存在しないこと〉は、存在者の積極的な可能性として働くのであり、その存在者は本質からして、配慮的な気遣いにおいて世界のうちに没頭しているのである。この非としての存在は、現存在のもっとも身近な存在様式として捉えるべきであり、現存在はたいていは、このようにして存在しているのである。

502　頽落は堕落ではない

このように現存在が頽落しているということを、もっと純粋で高尚な「根源的な状態」から「堕落」しているものと考えてはならない。わたしたちはこうした〈根源的な状態〉については、存在者的にはいかなる経験ももたないだけではなく、存在論的にも解釈することはできないし、そのための導きの糸もないのである。

503　世界への頽落

頽落している現存在は、事実的な世界内存在としての自己自身からすでに脱落している。そして頽落したといっても、現存在が存在することでたまたま出会ったり、出会わなかったりするような存在者のもとに頽落しているのではなく、みずからの存在にそなわっている世界へと頽落しているのである。頽落は現存在そのものの実存論的な規定であり、眼前的に存在する現存在についても、そして現存在が「生まれてきた」もとの存在者や、あとになってから交渉《コメルキウム》をもった存在者との眼前的な関係についても、いかなることも語ってはいないのである。

504　頽落の誤解

また頽落を、「現存在が陥った」劣悪で嘆かわしい存在者的な特性であると考え、人類の文化が進歩した段階に到達すれば、これを是正することができるなどとみなすならば、頽落の存在論的かつ実存論的な構造を誤解することになるだろう。

505　世界内存在と頽落の関係

わたしたちは世界内存在が現存在の根本的な機構であることを指摘し、世界内存在を構成する構造的な契機の特徴を確認してきたが、その際にはその存在機構の分析に終始したのであり、その存在機構の存在様式の分析には、現象的に注意を払ってこなかった。たしかに内存在に可能な根本様式として、配慮的な気遣いと顧慮的な気遣いについては記述してきた。しかしこれらの存在のありかたの日常的な存在様式がどのようなものであるかという問いは、解明されなかった。

また内存在とは主観と客観が、たんに考察において、あるいは行為においてたがいに向きあっているようなものではないこと、ただたんに眼前的な存在者として集まっているにすぎないものではないことも明らかにされた。それにもかかわらず、世界内存在はある種の堅固な骨組みのように働くのであり、この骨組みの内部で、現存在は自分の世界にたいしてさまざまにふるまうかのようであり、しかもこの「骨組み」そのものの存在には触れることがないかのような仮象が残らざるをえなかった。しかしこの「骨組み」とされたものも、それ自体が現存在の存在様式をともに作りだすものである。そして頽落の現象のうちには、世界内存在の実存論的な様態が写しだされているのである。

506　世間話、好奇心、曖昧さが開示するもの

世間話が現存在に開示するのは、現存在はみずからの世界に、他者たちに、自己自
身にかかわりあいながら、理解しつつ存在するものだということである。しかしこの 177
「～にかかわりあいながら」存在するものは、土台を失って宙に浮いた様態で存在し
235 ている。好奇心はありとあらゆるものを［現存在に］開示するが、しかし内存在はい
たるところにいながらも、どこにもいないものである。曖昧さは現存在の了解に何も
隠さないが、それはただ世界内存在を、根を失った〈いたるところにいて、どこにも
いない〉ありかたのうちに抑えつけておくためである。

507　頽落の「動性」

これらの現象からうかがうことのできる日常的な世界内存在の存在様式を存在論的に明確にすることで、初めて現存在の根本的な機構について、実存論的に十分に規定することができるのである。それでは頽落の「動性」はどのような構造をそなえているのだろうか。

508　世界内存在の誘惑

世間話と、そのうちに含まれている公共的な解釈は、共同相互存在のうちに構成されるものである。それは共同相互存在から分離して生まれた産物として、それだけで世界の内部に眼前的に存在するものではない。また世間話をいわば〈揮発〉させてしまって、ある「普遍的なもの」、すなわちその本質からして誰にも属するものではなく、「本来は」無にすぎないものであるとみなし、さらに世間話は「現実には」個々の発言する現存在のもとでだけ現前するにすぎないと考えてもならない。世間話は共同相互存在そのものの存在様式であって、現存在に「外部から」影響する特定の状況のもとで初めて成立するものではない。

　すると現存在そのものが、世間話と公共的な解釈というありかたで、世人《ひと》のうちで自己を喪失し、土台を喪失して頽落する可能性を、あらかじめみずからに与えていることになる。すなわち現存在は頽落する不断の誘惑をみずから準備しているのである。世界内存在は、おのずと誘惑的なものなのである。

509　世界内存在の安らぎ

　このようなありかたで自分自身にとってすでに誘惑するものになっている公共的な解釈は、現存在をこの頽落したありかたのもとに引きとめる。世間話と曖昧さ、そして〈すべてを見ており、すべてを理解している〉という態度が、現存在に次のように誤解させるのである。すなわちこのように自分に手近にもたらされた強力な開示性は、現存在の存在のあらゆる可能性の確実さ、真正さ、完全さを現存在に保証してくれるに違いないと思い込んでしまうのである。

世人《ひと》の自己確信の強さと決然とした態度のために、本来の情態性について理解する必要などはないという気持ちが強くなるのである。世人《ひと》は、充実した真正の「人生」
236 を育み、送っていると思い込んでいるために、現存在のうちにある安らぎをもたらす。そのことですべては「順調に進んでいる」のであり、この安らぎのうちですべての［可能性の］門戸が開かれていると、現存在に思わせるのである。頽落した世界内存在は、みずからにとって誘惑的であるとともに安らぎをもたらすものである。

510 世界内存在の疎外

しかし非本来的な存在におけるこうした〈安らぎ〉は、静止や活動の停止へと誘うものではなく、それとは反対に、とめどない「活動」へと現存在を駆り立てる。「世界」に頽落した存在は、そこで休息することはない。誘惑的な安らぎは、頽落を深め 178
る。とくに現存在の解釈に関連して、きわめて異質な諸文化を理解し、みずからの文化とそれらを「総合」することによって、現存在がみずからについて、あますところなく、しかも初めて真正に解明できるようになるという見解に導かれることもある。多方面にわたる好奇心と、落ち着きなく何でも知ろうとすることが、現存在についての普遍的な了解が可能になるという思い違いをもたらすのである。

しかし本来何を理解すべきかということについては、根本的に規定されないままであり、問われないままである。理解そのものが一つの存在可能であること、この存在可能をただもっとも固有な現存在において解放しなければならないことが、理解されていないのである。安らぎをえて、すべてを「理解しながら」、自分とそれらのすべてを比較する営みにおいて、現存在は疎外へと追いやられ、もっとも固有な自己の存在可能は隠蔽されてしまうのである。頽落しつつある世界内存在は、誘惑し、安らぎをもたらすと同時に疎外するものである。

511　世界内存在と自己への囚われ

この疎外ということも、現存在が事実的に自己から引き離されていることを語るものではありえない。反対に、この疎外によって現存在は、行き過ぎた「自己分析」を重視するという存在様式のうちに駆り立てられる。この自己分析は、あらゆる可能な解釈によって分析を試みるのであり、こうした分析によって生みだされた「性格学」や「類型学」だけでも、すでにすべてを見通すことができないほどに広範なものになっている。

この疎外は現存在からその本来性と可能性を閉ざすものであり、その真正の挫折の可能性すら閉ざしてしまうのである。しかしこうした疎外によって、現存在はみずからと異なる存在者に引き渡されるわけではなく、現存在をみずからに可能な存在様式である非本来性へと追い込むのである。頽落は、誘惑的で安らぎをもたらすことによって、疎外する。この疎外の独特な動性によって、現存在は自己のうちに囚われてしまうのである。

512　現存在の転落

237 ここに示した誘惑、安らぎ、疎外、自己への囚われ（拘泥）という現象は、頽落に特有な存在様式の性格を示すものである。現存在がその固有の存在において示すこの

「動性」を、転落と呼ぶことにしよう。現存在は自分自身で自己自身のうちへ、非本来的な日常性の土台喪失と虚無性のうちへと転落するのである。しかし公共的な解釈のありかたのために、現存在にはこの転落が隠されているので、むしろそれを「向上」であり「具体的な生」であると解釈してしまうのである。

513 渦巻く頽落

現存在は、世人《ひと》のもとでの非本来的な存在の土台喪失へと転落し、そしてこうした土台喪失のうちへと転落する。そしてその転落の動態によって、現存在の理解は本来的な可能性を投企することから不断に引き離され、すべてを所有し、すべてを実現できるという気楽な思い込みのうちに引きずり込まれる。このように不断に本来性から引き離されながら、しかもそれこそが本来的なものであるという思い込みだけはつねに作りだされることが、現存在を世人《ひと》へと引きずり込むのであり、この頽落の動性は、渦巻きという性格をおびている。

514　被投性と渦巻き

頽落は世界内存在を実存論的に規定しているだけではない。〈渦巻き〉は同時に、被投性が〈投げられたもの〉であり〈動かされたもの〉であるという性格を明らかにする。この被投性は、現存在の情態性において、現存在そのものに迫ってくることがある。被投性は「できあがった実際の事柄《タートザッヘ》」ではないし、完結した事実《ファクトゥム》でもない。その事実の事実性には、現存在は現存在であるかぎり、〈投げられたもの〉でありつづけ、世人《ひと》の非本来性の〈渦巻き〉のうちに巻き込まれているということが含まれている。被投性のうちで現存在の事実性が現象として見えるようになるのであるが、この被投性は、自己の存在においてその存在そのものにかかわりつづける現存在にそなわるものである。現存在は事実的に実存しているのである。

515 頽落と実存

しかしわたしたちは頽落をこのようなものとして提示することで、実存の形式的な理念を告示したときに使った規定を、真っ向から否定するような現象を、明らかにしたことになるのではないだろうか。現存在という存在者が、まさにその日常性において自己を喪失しているのであり、頽落において自己から離れて「生きている」のだとすると、現存在はその存在において存在可能にかかわらされている存在者であると考えることはできるのだろうか。

238 ただし世界への頽落を、現存在の実存性を否定する現象的な「反証」とみなすことができるのは、わたしたちが現存在を孤立した自我－主観であると想定する場合、そして現存在は〈点〉のような自己であり、現存在はこの〈点〉から離れてゆくと想定する場合にかぎられる。そのように想定するならば、世界は客観となるだろう。そして世界への頽落とは、存在論的には、世界内部的な存在者のありかたで、眼前的に存在していることだと曲解されてしまうだろう。

しかし現存在の存在が、これまで示したように世界内存在の機構であることを堅持してゆくかぎり、この頽落という内存在の存在様式こそが、むしろ現存在の実存性を証拠だてるもっとも基本的な証明であることが明らかになるだろう。頽落しながらも、非本来性の様態ではあっても、現存在がかかわっているのは、まさにみずからが世界内存在しうるということなのである。

現存在が頽落することができるのは、現存在が理解しつつ情態的に、世界内存在にかかわる存在であるためなのである。逆に言えば、本来的な実存とは、頽落した日常性の上部に宙に浮いているようなものではなく、実存論的には、この日常性がたんに変様されて捉えられたものにすぎない。

516　頽落の現象の示すもの

頽落という現象は、現存在の「夜の顔」といったものを示すようなものではない。現存在という存在者の無害な外観を補足するのに役立つような存在者的に現前する特性を示したものではないのである。頽落があらわにするのは、現存在そのものに本質的にそなわる存在論的な構造である。この構造は現存在のいわば〈夜の側面〉を規定するものではなく、現存在をその日常性において、現存在の〈真昼の〉ありかたのすべてを構成するのである。

517　信仰や世界観と頽落

だからこの実存論的で存在論的な解釈は、「人間の自然の本性の退廃」を存在者的に言明するものでもない。それというのも、証明に必要な手段が欠けているからではなく、この実存論的で存在論的な解釈の問題構成は、退廃しているか退廃していないかという言明以前のところにあるからである。頽落は存在論的な動性についての概念なのである。

わたしたちはこの概念によって、人間が「罪にまみれて」腐敗の境地《スタトゥス・コルプティオニス》のうちにあるのか、それとも無辜の境地《スタトゥス・インテグリタティス》に向かっているのか、あるいはその中間の恩寵の境地《スタトゥス・グラティアエ》にあるのかを、存在者的に決定しようとしているわけではない。

ただし信仰や「世界観」というものに依拠しようとするならば、そしてそのうえであ

239 れこれのことに言明し、さらに世界内存在としての現存在について言明しようとするならば、さらにこうした言明が同時に、概念的な理解であることを主張しようとするならば、その場合にはここにわたしたちが取りだしたような実存論的な構造に依拠せざるをえないのは、明らかだろう。

518 この章の主導的な問い

本章を貫く主導的な問いは、〈そこに現に《ダー》〉の存在に向けられたものであった。そして主題となったのは、現存在に本質的に属している開示性が、どのように存在論的に構成されているかという問いであった。開示性の存在は、情態性、理解、語りによって構成されている。開示性の日常的な存在様式の性格は、世間話、好奇心、曖昧さにある。これらの性格はまた頽落の動性を示すものであり、その本質的な性格は、誘惑、安らぎ、疎外、囚われである。

519　分析の成果

こうした分析によって、現存在の実存論的な機構の全体について、その主要な特徴が明らかにされたのであり、このようにして現存在の存在を気遣いとして、「総括的に」解釈するための現象的な土台が獲得されたのである。

原注

＊1　本書第九節、四二ページ以下［第二分冊、一三ページ以下］を参照されたい。

『存在と時間　4』解説

『存在と時間４』解説 目次

512／渦巻き（513）／頽落と実存

第一部第一篇　第五章　内存在そのもの

第二八節　内存在を主題とした分析の課題

この章の課題

すでに第二章の初めで、世界内存在には三つの契機があることが指摘されていた。「世界内」と「存在者」と「内存在」である。第三章では、「世界内」という契機から、「〈世界〉の存在論的な構造を問い求め、世界性そのものの理念を規定する」(155)という課題が遂行されてきた。第四章では、「存在者」という契機から、「現存在の平均的な日常性という様態で存在する者は誰なのかを、現象学的に提示しながら規定する」(156)作業が行われてきた。

そしてこの第五章では、第三の契機である「内存在」について、「〈内にあること〉そのものの存在論的な構成を解明する」(157)という課題が遂行されることになる。

これらの三つの契機を考察し終えることで、現存在の世界内存在という存在様態についての洞察が深められることになる。

こうした考察によって、「世界内存在の構造の全体性を改めて、そしてさらに確実な形で、現象学的なまなざしのもとに」(366)もたらし、点検することになる。世界内存在である現存在は、これらの三つの契機で構成されているのであり、この現存在の存在様態を統一する概念が、「気遣い」である。現存在はつねに「気遣い」という存在様式のもとにあるのであり、これは「この現存在そのものの根源的な存在」(同)を示すものである。

基礎存在論の課題

ハイデガーはすでに序論において、『存在と時間』の究極の目的は存在そのものとその意味についての問いとしての存在論であるものの、その考察の手掛かりとして、こうした存在論的な問いを問い掛ける現存在という存在についての存在論的な考察が重要であることを強調していた。その際に、現存在の本質にかかわる存在了解には、現存在が生きる世界と、現存在の身近に存在する道具や事物などの存在についての存在論的な理解が、それと「等根源的にかかわっている」（038）ことが指摘された。

こうした「現存在ではない存在性格をそなえた存在者を対象とするもろもろの存在論は、前存在論的な存在了解という性格によって規定された現存在そのものの存在者的な構造のうちに基礎づけられる」（同）のであり、これらのすべてが現存在の存在論を軸とするものであることが予告されていた。ハイデガーはこうした現存在についての存在論的な考察を「基礎存在論」（039）と名づけた。そしてこの第五章の初めでは、「本書での探求が目指すものは、基礎存在論的なものである」（367）ことが、改めて指摘されるのである。

ハイデガーはこの「基礎存在論」の考察において、世界における現存在の存在様態である世界内存在について、その「全体性」を明らかにすることを目指しており、その際は世界に存在するさまざまな存在者の考察そのものではなく、現存在を対象とする基礎存在論を軸とするものであることを強調している。

その根拠として、消極的な理由と積極的な理由があげられる。消極的な理由としては、これまで検討してきた現存在の二つのまなざし、すなわち「配慮的な気遣いとその〈目配り〉のまなざしについて、顧慮的な気遣いとその〈顧慮〉のまなざしについて、そのさまざまな派生的なありかたを比較しながら性格づけること」(367)によって、さらに世界に存在するさまざまな存在者についての存在論的な考察を進めることはできるものの、この書物はあくまでも現存在についての基礎存在論的な考察であって、世界における人間の位置を考察することを課題とするいわゆる「哲学的な人間学」を目指すものではないことにある。

こうした「哲学的人間学」の考察の実例としては、本書でもその名前が挙げられているマックス・シェーラーの『宇宙における人間の位置』のような書物があるが、本書はこうした「哲学的な人間学の実存論的なアプリオリな原理をもれなく仕上げるという課題」(同)を目指すものではない。本書は基礎存在論として、「現存在そのものの根源的な存在を把握するための道を切り拓く」(366)ことを目指しているのである。これが本書の課題に基づいて、こうした考察を行わない消極的な理由である。

積極的な理由として挙げられるのは、現存在には「自然の光」のようなものがそなわっていて、みずからを照らしだすという特性があることである。「現存在はみずからの〈そこに現に《ダー》〉をもともと携えているものであり、これなしでは事実として《ファクティッシュ》存在しなくなる。それだけではなく、そもそもこのような本質をもつ存在者でなくなるのである。現存在はおのれの開示性なのである」（370）。

現存在には、こうした考察を経由しなくても、みずからのうちから、自己を解釈するための手段をそなえているのである。これまで現存在の世界内存在について、世界と存在者という観点から考察してきたが、現存在にはさらに自己のうちに、みずからを解釈するための「光」がそなわっているのであり、この「光」が現存在そのものを照らしだすのである。現存在は「自己において世界内存在として明るくされている」（同）のである。

リヒトゥングの概念

なおこの段落で「みずからが明るみ《リヒトゥング》であるために、明るくされている」（同）と語られているが、この「明るみ」は原語では「リヒトゥング」であり、「明るくされている」は「ゲリヒテット」である。どちらも「光」を示す名詞「リヒト」という語を語源とした「照らす」という意味の動詞「リヒテン」の活用形あるいは派生語である。

この現存在を照らしだす「光」がどこから来るかは、ハイデガーが現存在のうちに「自然の光」がそなわっていると語っていることからも明らかである。現存在のうちに光が、しかも自然の光がそなわっていて、現存在を内側から照らしだすのである。この光は神的な光のように、超越的な場から、すなわち上から照らす光ではなく、現存在の内側からほのかに現存在を照らしだす光である。現存在にはみずからを照らすという開示性がそもそもそなわっているのであり、「現存在はおのれの開示性なのである」(同)。

この「明るみ《リヒトゥング》」という語は、本書では現存在の内側から現存在そのものを照らすものであるが、後期の『「ヒューマニズム」について』では、存在そのものの光を示すものとなる。この語は後期のハイデガーの思想のキーワードの一つとなる。ハイデガーは『「ヒューマニズム」について』において、「人間とは、むしろ、存在そのものによって、存在の真理のなかへと〈投げ出され〉ている[1]」と指摘し、人間がそのように投げ出されているのは、存在へと身を開き、「存在の光《リヒト・デス・ザインス》のなかで、存在者が、それがそれである存在者として、現出してくるようになるため[2]」であると語っている。この「光」は、現存在をそのうちから照らしだす「現存在の光」ではなく、現存在を含む存在者を照らしだす「存在の光」なのである。

存在者がこのように存在の光のなかに現れるためには何が必要だろうか。『存在と時間』とは違って、存在者である人間（後期のハイデガーは現存在という語をやめて人間と呼ぶ）のうちに、自然の光のようなものがあって、人間を照らしだすことではない。存在の光が人間を照らしだすのであり、この光に照らしだされるためには、人間が存在のうちに開けた「明るみ《リヒトゥング》」のなかに歩みいることが必要なのである。そして人間がどのように「存在の開けた明るみ《リヒトゥング》のなかへと入ってゆき、現存したり、現存しなくなったりするのか、このことを決定するのは、人間ではない(3)」のである。

ハイデガーが本書の【欄外書き込み】で、この「明るみ《リヒトゥング》である」のところに「しかし［明るみを］作りだすのではない」（訳注2）と書いているのは、後期のハイデガーはこの明るみが現存在のうちの自然の光によって、すなわち現存在によって作りだされるという『存在と時間』の頃の考え方を完全に否定するようになったことを示すものである。

内存在と内部性の違い——「うち」と「あいだ」

この章は「内存在そのもの」を考察することを目的とする。この「内存在《インザイン》」と「内部性《インヴェンディヒカイト》」の違いについては、すでに第二章第一二節において、実存カテゴリーとしての「内存在」と、眼前的な存在者である事物に適用されるカテゴリーである「内部性」の存在論的な区別として考察されている。それをここでも確認しておこう。

この「内部性」とは、「眼前的な存在者どうしの［あいだでの関係の］カテゴリー」(162)であり、世界のうちに《イン》あって、現存在が眼前にみいだすことができるもののもつ空間性であった。世界の中に現存在が眼前にみいだすことができるものは、たとえば部屋の「うちに」ある椅子や、箱の「うちに」ある人形のように、「ある眼前的な存在者が、他の眼前的な存在者の〈うちに〉存在する」(368)ような存在様式において存在している。

これにたいして「内存在」は、現存在という「存在者の本質的な存在様式」(同)であって、それには「なか《イン》」という概念ではなく、「あいだ《ツヴィッシェン》」という概念のほうがふさわしいと言えるだろう。これを現存在は「〈あいだ〉の存在である」(同)と主張すれば、「うちに」ある存在である内部性とは区別できると主張できるかもしれない。

しかしこのように「あいだ」の概念を使って、世界のうちに存在する二人の現存在の関係として「内存在」を考察しようと試みることには、大きな欠陥がある。それはこの事物の関係を「うちに」と呼ぼうと、「あいだに」と呼ぼうと、防ぐことのできないものである。というのも「うちに」や「あいだに」を作りだすものは、眼前的な存在者とみなすという暗黙の了解があるからである。「あいだ」とはごく一般的に考えるならば、二つのもののあいだである。壁と壁のあいだ、壁とその壁に近づけて置かれた椅子のあいだのように、「あいだ」という概念は二つの同質のものの空間的な関係を前提とする。わたしの心とわたしのいる部屋の壁の「あいだ」のように、精神的な事柄と物質的な事柄の「あいだ」の空間的な関係を語るのは、意味のないことである。

だからこの「わたし」という現存在を、思考する主体と想定し、「あいだ」という概念によってその主体と眼前にある眼前的な存在者である椅子との関係を考察しようとしても、あまり意味がないのである。それが意味をもつようになるのは、思考する主体もまた眼前存在者とみなして、椅子と同質の対象であると考える場合だけである。この「あいだ」の概念に引きずられて、わたしたちは思考する主体もまた、椅子と同じような眼前的な存在者であるとみなしてしまいがちなのである。その場合には「この〈あいだ〉とは、二つの眼前的な存在者の出会《コンウェニエンティア》いの結果であると把握されていることになる」（368）のである。

開示性の構造

この欠陥を避けるためには、現存在の内存在を眼前的な存在者の内部性と区別するために、現存在の空間性が、椅子などの事物の空間性といかに異なるかを再確認する必要がある。椅子は部屋という空間のうちに、眼前的に存在する。そして現存在がこの椅子を眺めることで、その位置が客観的に決定される。

これにたいして現存在とは、そのうちにつねに〈まなざし〉をそなえている存在者である。現存在の空間的な位置は、「ここ」あるいは「あそこ」として、現存在の視点から決定される。現存在《ダーザイン》とは、原義では「そこにある存在」である。「この〈そこに現に《ダー》〉とは、〈ここ〉や〈あそこ〉を意味する」(369)のである。だから「ここ」や「あそこ」ということが、現存在の何よりの特性なのである。現存在とは、この「ここ」と「あそこ」の関係をつねにみずから作りだすような存在である。

ハイデガーはそれを次のように説明する。「〈ここのわたし〉と言ったときの〈ここ〉はつねに、手元的に存在しているものの〈あそこ〉から、みずからを理解しているのであり、〈あそこ〉へと〈距離を取り〉ながら、〈方向づけ〉を行いつつ、配慮的に気遣っている存在として、みずからを理解しているのである」(369)。

これが現存在を照らしだしている「開示性」であり、「この存在者の実存論的かつ存在論的な構造」(370)がこれによって明かされる。この開示性を構成する要素に注目しよう。第一は世界内存在と手元存在者との関係である。空間的な「あそこ」に存在するのは手元的な存在者であり、ここに存在するのは実存する現存在である。

第二は現存在が手元存在者にたいして向ける「配慮的な気遣い」の「目配り」のまなざしである。現存在は手元的な存在者を道具として、自分が使用するものに配慮的なまなざしを向け、それを気遣っている。現存在が存在する世界にあるすべての事物は、現存在にとって何らかの手元存在者としての意味をもつものであり、現存在の用に役立つものである。机も部屋も街路も樹木も、そして太陽すらそのような役立つものとみなされている。

第三は、現存在の自己了解である。現存在はこうした世界に存在する手元的な存在者に配慮的な気遣いを向けることで、「あそこ」にある手元存在者との空間的な〈距離を取り〉、その存在者への〈方向づけ〉をしながら、それに基づいて自己を理解している。椅子はわたしが座るためのもの、机はわたしが書き物をするためのものである。これらの事物との関係で、わたしは自分がこれから書き物をすること、わたしとはそのような書き物をしようとする現存在であることをすでに了解している。すべての自己理解は、単独での自己だけでは行われず、世界にある事物や道具との関係のうちで獲得されるのである。

この現存在の「そこに現に《ダー》」に含まれる独特な性格は、現存在の「自然な光」として、現存在自身と現存在が環境世界のうちに配置しているさまざまな手元的な存在者との関係から生まれるものであり、世界内存在とはそのように世界において存在するありかたのことである。これはハイデガーがフッサールの「志向性」という概念をうけついで考えだした重要な構造であり、現存在がさまざまな事物と出会うのは、この構造によるのである。

ただしそのように世界のうちに配慮しながら没頭する現存在は、反対に世界のさまざまな事物の側から、自己を解釈しがちであるという存在論的な問題が生まれる。この世界内存在の存在様式は、世界から自己を解釈する「反照」というモデルに依拠している（この反照モデルについては、第三分冊の三四四ページ以下を参照されたい）。そしてこの世界に没頭している現存在のありかたへの考察が、この第五章での頽落と世人《ひと》の考察の土台を構築することになる。

この章の構成

　それではこのようなみずからが開示性である現存在の「そこに現に《ダー》」を考察するにはどうすればよいだろうか。そのためにはまず、現存在の実存というありかたに注目して、現存在は世界においてどのような形で実存しているかを考察する必要があるだろう。しかしハイデガーはそれだけではなく、現存在が世界において日常的にどのようなかたちで存在しているかを考察しようとする。A項「〈そこに現に《ダー》〉の実存論的な構成」では、現存在をその本来の実存という観点から考察することを軸とし、B項「〈そこに現に《ダー》〉の日常的な存在と現存在の頽落」では、それが非本来的に頽落しているありかたを分析することに重点を置くことになる。

　このA項の分析は、大きく三つの契機に分けて考察される。古代のギリシアで人間が言葉（ロゴス）をもつ動物として定義されたように、現存在の実存としてのありかたをもっとも明確に表現するのはロゴスを使って語るという活動である。このロゴスを使って他者とともに世界で共同現存在するありかたを、語りという概念によって考察するのが第三四節「現-存在と語り。言語」である（ただし記述の順序では、この第一の契機は最後に考察される）。

この「語り」という第一の契機によって、現存在の他の二つの契機、すなわち情動的な存在特性である「情態性」という契機と、世界を認識する「理解」という契機が規定されている。「情態性と理解は等根源的に語りによって規定されている」（373）からである。

この第二の情態性という契機は、「情態性としての現-存在」（第二九節）と「情態性の一つの様態としての恐れ」（第三〇節）に分けて考察される。第三の理解という契機は、「理解としての現-存在」（第三一節）、「理解と解釈」（第三二節）、「解釈の派生的な様態としての言明」（第三三節）で考察される。

A 〈そこに現《ダー》に〉の実存論的な構成

第二九節　情態性としての現-存在

情態性の概念

現存在の実存論的な構成において最初に検討されるのは、現存在の情態性である。情態性《ベフィントリヒカイト》という語は、通常は精神状態を意味する用語である。その語源となっているのは、動詞ベフィンデンであり、この語は「〜とみなす」「〜と判定する」という意味であり、同時に名詞として「健康状態、容体」を示すこともできる。

ジッヒ・ベフィンデンの形で再帰形の動詞として使う場合には、「あなたの具合はどうですか」のように健康状態を尋ねることも、「彼は機嫌が悪いですか」のように、精神状態を尋ねることもある。この語の訳語として「情態性」を採用したのは、ハイデガーがこのベフィントリヒカイトについて、「存在者的にはきわめて周知された日常的なもの、すなわち気分や気持ちのことを指している」（377）と説明していることから、このような精神状態にかかわるものであると判断したためである。感情の「情」と態度の「態」に、名詞化を示す「性」をつけた訳語である。

哲学の存在論的な考察において存在者の「気分」を問うというのは、かなり珍しい問題構成であり、そこに『存在と時間』の重要な貢献がある。ただし現象学的には自我の状態の考察としてこうした気分を問うのは異例なことではない。たとえばハイデガーは一九二九年の講義『形而上学の根本概念』では、退屈などの気分の問題を哲学の中心的な問いとして提起している。

存在論的な考察において気分という概念が重要となるのは、それがたんに個人の内面的な感情ではなく、人々との間で共有されるものであるからである。気分はある意味では公共的なものなのである。それはわたしの気分であり、あなたの気分である。わたしはあなたの朗らかな気分に影響されて陽気な気分になることがあるし、あなたもまたわたしのそうした陽気な気分に、逆に影響されるようになることもある。機嫌の悪い人と一緒にいると、こちらまで機嫌が悪くなるものだ。

このためこの気分という概念の考察においては、主観と客観の対立という認識論的な構図を利用することはできないし、「わたし」と「あなた」という人称的あるいは人格的な対立の構図を利用することもできない。気分は感情的な地平のように、わたしたちのすべてを浸しているのである。ハイデガーはこの事情を前記の講義『形而上学の根本諸概念』では、次のように説明している。「気分は誰か他人の心の中にあるわけではなく、またその傍らでわれわれの心の中にもあるというわけでもなく、そんなふうに言うよりはむしろ、この気分は今やすべてを覆って横たわっているのであって、それは決してある内面性の〈内部に〉あり、それが目の表情に現れ出てきているにすぎないのだ、などというようなことではない」。[1]

　このように気分は、主観と客観の対立の構図では考察できない重要な状況を明らかにするものとして、開示的な性格をもつものである。この気分において現存在は「〈そこに現に《ダー》〉としての自己の存在に直面させられるのであるが、気分のもつこの根源的な開示と比較すると、認識が開示することのできるものの範囲は、ごくかぎられたもの」(378) にすぎないのである。

気分と受動性

　気分が明らかにするのは、人間が世界において、認識する主体として存在すると考える伝統的な哲学の構えは、現存在の存在様式を考察するには、ごくかぎられた意味しかもたないということである。人間が世界で認識という営みをしつつ生きているのはたしかだが、それが人間のもっとも重要な存在のしかたではないのである。現存在としての人間は、もっと多様なありかたをしている。

　これまで本書では、存在者の存在様式について、道具的に存在する手元存在、自然科学的なまなざしの対象である事物としてみられた眼前存在、実存する現存在という三つの存在様式が示された。認識する主体としての現存在は、対象を自然科学的なまなざしによって、眼前存在として眺める。世界において生きる主体としての現存在は、対象を道具として、手元存在者として、配慮的な「目配り」のまなざしで眺め、これを使用する。そして世界のうちで他者とともに生きる現存在は、他者を顧慮的な気遣いのまなざしのもとで共同存在として眺める。

　これらの三つのまなざしは、世界における現存在の重要なありかたを代表するまなざしである。これらのまなざしにおいて現存在は、たしかに世界において能動的な主体として存在し、行動しているようにみえる。世界の事物を観察するまなざしも、手元にあるものを道具として使用するまなざしも、世界にともに住む他者に顧慮するまなざしも、能動的な性格をおびたまなざしである。現存在はこうしたまなざしを駆使することによって、世界のうちでよりよく生きることができるだろう。

　しかし気分としてある現存在は、たんにこれらの能動的なまなざしを行使することのできる主体として生きているだけではない。気分に浸された現存在は、あるいは悲しみに浸された「わたし」であり、あるいは喜びのうちに歓喜する「わたし」である。この「わたし」は〈そこに《ダ》現に《ー》〉ある存在として、「そこ」にある存在者であるが、それが「どこから」やってきたのか、「どこへ」ゆこうとしているのかすら、明確に語ることのできない心もとない存在者である。現存在は気分においては、能動的な主体としてよりも、受動的な存在者として存在していることになる。

存在することの「悪」

　この気分の受動性をもっとも明確に示しているのが、現存在にあっては、「単調で活気のない気の抜けたような状態が長くつづく」（378）ことが多いという事実である。

この「気の抜けたような」気分は、現存在が気分から解放されていることを示すものではなく、現存在が「自分自身にうんざりしている」（同）ことを示すと、ハイデガーは指摘している。この気分が明らかにするのは、現存在にとって「〈そこに現に《ダー》〉の存在が重荷になっている」（同）ということである。

あるいは高揚した気分が、「こうしてあらわにされた存在することの重荷を取りのぞいてくれる」（同）かもしれない。その場合にも、「気分がそなえているこうした可能性も、取りのぞくという形ではあるが、現存在が負っている〈重荷という性格〉を開示している」（同）と言えるのである。この存在することそのものが、「重荷」となっているということは、現存在が浸されている最大の受動性である。

　存在すること、それは伝統的な哲学では「善」であることとされてきた。神の存在証明においても、完璧な存在者である神に、存在するという「善」が欠如していることはありえないという根拠から、神は存在することが証明されてきたのである。そもそも悪とは、善の（存在の）欠如であるというのが、アウグスティヌス以来の伝統的な哲学における悪の定義である。しかしここでハイデガーが、存在することのもたらす気分を、気の抜けたような気分として、「重荷」として示したことは、存在論の伝統にさからって、存在が「悪」である可能性があることを示したものとして注目される。後にレヴィナスがこれを明確にして、「存在することの恐怖」という気分について考察を深めることになるだろう[2]。

事実性と被投性

それでもこうした現存在の受動的な存在様態に特徴的なことは、それがともかく今、「そこに」存在するということである。この事態をハイデガーは二つの概念を使って表現する――事実性《ファクティツィテート》という概念と被投性《ゲヴォルフェンハイト》という概念である。

まず「事実性」という概念は、現存在について語られる実存カテゴリーであって、事物にたいして語られる「実際のありかた《タートザッヘリヒカイト》」というカテゴリーと対比して使われることは、すでに第二章第一二節（第二分冊）で明確にされていた。この事実性は、「ある種の岩石が実際に眼の前にある場合とは根本的に異なる」（161）のであり、「それぞれの現存在がそのつどそのように存在しているという意味で、現存在という事実が実際にそうしたありかたをしていることを、現存在の事実性（ファクティツィテート）と呼ぶ」（同）と定義されたのであった。

ただし第二章のこの段落では、事実性の概念については、世界内存在は「その〈運命〉《ゲシック》において、みずからの世界の内部で出会う存在者の存在としっかりと結びつけられているものとして、みずからを理解しうるのである」（同）という観点から、世界のさまざまな存在者の存在との結びつきを「運命」とみなすことが指摘されていた。

しかし第五章ではこの「運命」についてもっと広い観点から、現存在が世界のうちに事実として投げだされている「被投性」という事態に注目するために、事実性という実存カテゴリーが利用されている。

この「被投性」という概念は、現存在が〈どこから〉来たのか、〈どこへ〉行くのかということは知られていないものの、「ともかく存在しているという事実」《ダス》（380）に焦点をあてるものである。ハイデガーは、「現存在は世界内存在としてみずからの〈そこに現に〉《ダー》を存在することで、みずからの〈そこに現に〉《ダー》のうちに投げ込まれているのである。この被投性という表現は、委ねられているという事実性を示すために作られた」（同）と明確に指摘している。このように「事実性」は「被投性」と切り離しがたく結びついた概念なのである。

この「事実性」という概念が、初期のハイデガーにおいて重要な意味をもっていたことはすでに指摘してきた（第二分冊の二五六ページ以下を参照されたい）。フッサールの現象学は、世界における自我の位置を見定めることに重点を置き、そのために現象学的な還元を実行して、最後に純粋で超越論的な自我をみいだし、それを哲学とさまざまな学問の究極の根拠としたのだった。

デカルトにとって確実で懐疑の及ばないものは思考する自我としてのコギトであったが、フッサールにとって確実なものは、超越論的な自我であり、これは現象学的な還元の後にも疑えないもの、むしろ世界を構成することのできる超越論的な根拠となるものとされていた。この超越論的な自我は、学の根拠となるものであり、現象学の方法にとっては積極的で能動的な主体の地位を確保するものである。

これにたいしてハイデガーは、まだフッサールの現象学の枠組みで考察をしていた頃からすでに、この「事実性」に注目していた。この事実性はフッサールの超越論的な自我のように、最後に残された砦のような確実な根拠ではなく、人間が世界のうちに存在するときに、その存在のありかたがきわめて偶然的であり、しかも運命が定めたさまざまな偶然によって規定されていることに注目するものだった。

人は豊かな国の豊かな家庭に生まれることもある一方で、極貧国の貧しい家庭に生まれることもある。このことは人が選ぶことのできない「運命」である。すべての人間はこうした運命によって、「どこから」来たのか、「どこへ」行くのかも不明なままに、今ここに生み落とされるのである。これは消極的で受動的な人間の宿命である。現存在は今ここに「ともかく存在するのであり、存在しないわけにはいかない」（380）のであり、この事実を人間は選ぶことも、否定することもできない。人間のこの被投性という事実性《ファクティツィテート》は、山脈や樹木や岩石のように、「眼前的に存在することに属する〈実際のありかた《タートゼヒリヒカイト》〉」（同）とは、まったく異なる性格のものである。

この現存在の被投性という事実は、わたしたちが眼の前に机や部屋を「眺めるまなざし」（同）によってみいだすときのように、「直観において眼前的にみいだされる」（同）ような性格のものではない。眼前的に存在しているものであれば、それを客観的な「生《なま》の事実」（ファクトゥム・ブルトゥム）として認識することができ、意識化することができるはずである。しかし現存在の事実性は、「さしあたりは「意識から」排除されながらも、その実存のうちに取りいれられた存在性格」（同）であり、それは情態性の一つのありかたなのである。

気分の概念とフッサールの現象学

ハイデガーが本書で展開した気分という概念の重要性を示すために、この概念をフッサールの現象学とカントの超越論的な哲学と対比して考えてみよう。まずフッサールの現象学では、いかにしてこの気分という概念を考察することができなくなっていたかを調べてみよう。

世界内存在としての現存在は、さまざまな事物を「眺めやるまなざし」によって直観において、それを客体として認識することができる。しかしそのまなざしが自己に向かったときには、自己をそのような客体として認識することはできない。それは何よりも現存在が身体をもつ存在であるためである。人間が身体をもつことによって生まれた哲学的な問題は、フッサールの現象学でも考慮にいれられており、さまざまな観点から考察されている。現存在は世界内存在として実存するが、同時に身体を持つ存在者として世界のうちの事物の一つのように存在しているのも、たしかなのである。

しかし現存在が気分をもつ存在であることは、フッサールの現象学的な還元によって世界が宙吊りにされることによって、考察の範囲から排除されることになる。というのも、現象学的な考察は、対象をまなざしによって分析し、点検することを目的とするが、気分はこうしたまなざしを逃れるからである。ハイデガーは暗にフッサールを批判するかのように、「気分は、被投性を〈眺めやる〉というありかたで開示するのではなく、それに固執したり、それに背を向けたりするという形で開示する」(381)と強調している。現存在は被投性という事実を直視するのではなく、それをあえて無視しようとするのであるが、その無視しようとする試みのうちにも、現存在が気分に捉えられていることが逆に示されるのである。

気分の概念とカントの直観の理論

このことはまた、気分というものが、認識論的に特別な意味をもつものであることを明らかにしている。カントは外的直観と内的直観を区別しながら、人間が感情をもつことの意味を考察した。外的直観は、人間が自分の外部にある事物を眺める直観である。内的直観は、この直観が人間の内部に向けられたものであり、そこにおいて人間は自己を直観することになる。「心は、内的な感覚能力を通じて自己を、あるいはしみずからの内的な状態を直観する」[3]のである。人間は時間という形式によってこうした内的な状態を直観するのであり、「魂《ゼーレ》そのものを一つの客体として直観するものではない」[4]と指摘されている。この内的直観が直観するものは、「わたし自身とわたしの内的な状態」[5]であるとされている。

ところでこの「わたしの内的な状態」とは感情であるはずだが、この概念がどの程度まで「気分」を含むものであるかは明確にされていない。怒りや悲しみなどの感情は、むしろ実践理性の哲学で考察すべき問題であり、認識論の枠組みでは考察されえないものなのである。カントはこのことについて「感情は、事物を心に思い描く能力ではなく、認識能力の全体の外部にあるものであるから、わたしたちの判断の要素が快と不快にかかわるものであるかぎり、すなわち実践的なものであるかぎり、その要素は超越論的な哲学の領域に属さない。超越論的な哲学は、アプリオリで純粋な認識だけにかかわるからである」[6]と明言している。このようにカントは、超越論的な哲学からは、気分を明確に排除しているのである。

事実性の二つの次元

こうしてみると、事実性には二つの次元が含まれることが分かる。一つの次元は現存在が世界のうちで他の事物とともに、世界のうちに投げ込まれているという被投性の事実のうちに存在することを指摘するものである。これは人間が身体をもって社会のうちに存在していることからも、避けられないことである。世界内存在は「その〈運命《ゲシック》〉において、みずからの世界の内部で出会う存在者の存在としっかりと結びつけられているものとして、みずからを理解しうるのである」(161)ことは、現存在の被投性の一つの重要な側面である。これは事実性が他の事物や共同存在とともに世界のうちに投げ込まれているという「水平的な開示性」(7)の側面とみなすことができるだろう。

これにたいして事実性にはさらに、現存在が世界のうちに気分として、情態性の規定のうちに実存するという第二の次元が含まれる。この観点からみるかぎり、現存在は世界の他の存在者とはまったく異なる性格の存在者であり、その気分は、世界のうちにある事物を「眺めやるまなざし」によっては、そして直観による認識によっては把握されないものである。

この気分と情態性は、被投性の「水平的な開示性」とは異なる根源的な実存論的な規定、いわば事実性の「垂直的な」側面、「実存論的」（379）な規定の側面なのである。「水平的な開示性」としての被投性であれば、宗教的な信仰や合理的な啓蒙による信念によって、ある程度は説明することができるかもしれない。宗教的な信仰であれば、人間が「どこへ」行くものであるかを、宗教の教義に基づいて確信することができるかもしれない。合理的な啓蒙であれば、人間が「どこから」来たのかについて、生物学的に説明することができるかもしれない。しかし実存論的な事実性については、そのように説明できると考えるのは、現象の歪曲にすぎないのである。

そのため、「現存在が気分のために、自分の〈そこに現に《ダー》〉という〈事実《ダス》〉の前に立たされて、この事実《ダス》が〈そこに現に《ダー》〉おいて仮借のない謎という姿で現存在を凝視しているという現象的な実情に直面すると、こうした信仰や知識もまったく役に立たなくなる」（382）と言わざるをえないのである。それは現存在にとっては説明することのできない「仮借のない謎」でありつづけるのである。

情態性の第一の本質的な性格

　このようにハイデガーにとって、現存在が気分によって規定されている情態性のありかたをしていることは、現存在が世界のうちに受動的に投げ込まれて存在するという被投性とともに、世界内存在という「事実性」を構成するありかたなのである。ハイデガーはこの情態性というありかたを、その三つの「存在論的な本質性格」（383）から分析している。

　第一の本質性格は、「情態性は現存在をその被投性において開示する。ただしこの開示は、さしあたりたいていは［被投性を］回避し、［それに］背を向けるというありかたで行われる」（同）ということである。情態性による現存在の被投性の開示というこの第一の「存在論的な本質性格」には、三つの重要な特徴がある。まず、情態性は気分として開示されるものであるが、現存在はこの気分による開示にたいして、素直に対応することが少ないということである。現存在は気分によって、「〈そこに《ダ》現に《ー》〉という〈事実《ダス》〉の前に立たされ」（382）るのであるが、その気分による開示は現存在によって「現象的にはまったく見誤られてしまう」（同）のがつねなのである。現存在は、信仰や啓蒙などの（本人にとっては）合理的な理解を好むのであるが、気分はこうした合理的な理解にふさわしくない自己を、現存在にあらわにする。このような自己は現存在には不合理的なものと思われるのであり、あらわになった自己は、現存在には「仮借のない謎」(382)にしかみえないのである。そこで現存在は、合理的で理論的な認識から生まれた「絶対的な確実性を尺度として、情態性のもつ〈明証性〉の地位を貶めようと」(同)試みるが、これは空しい営みなのである。

次に現存在は、このような気分によってみずからの知らない自己があらわにされることを好まないため、こうした気分を「知識や意志によって」(383)抑制しようとする。現存在が客観的な認識と合理性を重視する存在であるかぎり、これは必要なことであろう。つねに気分によって支配されている人は、他者もまた自分の気分の支配のもとに置こうとする傾向があり、世間的にも実存的にも、必ずしも好ましい存在ではないからである。

世間的には気分屋のような人間は、他者から好まれないことが多く、人間関係を好ましい形で維持するためには、自分の気分の露出は、ごく限られた場合と限られた人間関係のうちだけに制限するのが、世間知というものである。

また実存的には、自分の気分を意志や認識にしたがわせることが必要となることも多いものである。気分的な存在であることは、ほんとうの自己に忠実であることにそぐわないものであることが多いからである。

そして気分的な存在であることを自己や他者にたいして露呈しないために、現存在はときには気分を、「それと反対の気分で制することで抑える」（同）ことが必要となることもある。

このことが教えるのは、わたしたちは自分の気分を否定し、抑制し、それに背を向けようとするものの、やはり気分という「情態性というありかたのうちで背を向け」（381）ているということである。気分という情態性は、理性や信念や意志によって抑制することができるものではなく、そうした知の様態で無視できるようなものでもない。わたしたちはそれに背を向けるとしても、理性や意志の力でそれに背を向けることはできず、せいぜい別の気分を使って抑えることができるにすぎないのである。

最後に、このようにして気分は現存在にとって自己を「謎」とし、世間的にも実存的にも好ましくない存在とする傾向があり、現存在はこれに背を向けようとするのではあるが、こうした気分こそが、その現存在にとっては存在論的にみて、「現存在の根源的な存在様式」（383）なのであり、これを見損なってはならない。「現存在はこの気分という存在様式において、すべての認識や意欲よりも前に、またこうしたものがもたらす開示の大きさを超えて、みずからに向かって開示されているからである」（383）。

しかし同時にこの開示の大きさは、存在論的な分析を行わないならば、反対に、現存在の存在のありかたを「隠蔽してしまう」（384）ことになる。それだからこそ、現存在はみずからの実存のためにも、存在論的な分析を必要とするのである。

気分の第二の本質性格

気分の第二の本質性格は、「気分は世界内存在をそのつどすでに全体として開示してしまっており、それが初めて〈何かを志向する〉ことを可能にするのである」（385）ということである。現存在は気分をもつことで、初めて世界を認識するように導かれるというのである。

気分の第一の本質性格が明らかにしたのは、気分とは本質的に、現存在が世界のうちに投げ込まれている受動的な存在者であるという被投性のありかたから生まれるものであり、これが存在論的にみて、「現存在の根源的な存在様式」（383）であるということだった。

世界に投げ込まれて存在する現存在は、認識する存在や知覚する存在、意志する存在である以前に、何よりもまず気分に浸された存在である。そして認識も知覚も意志も、こうした気分によって初めて可能になり、気分によって根拠づけられているのが実情なのである。人間は「気分的な動物」なのである。

伝統的な哲学では、心理学の分野において、認識と意欲と感情を区別し、感情を第三番目の能力として、認識や意欲よりも下位の能力とみなしたのだった。「心理学が感情を第三番目に、下位に、挙げるのは決して偶然ではない[8]」のだった。カントは『人間学』で、認識と感情をどちらも認識能力とみなしながら、この二つの能力に明確な上下の違いをつけていた。すなわちカントは認識する能力である知性（＝悟性）を知性的な認識能力と呼び、上級の認識能力とみなした。これにたいして自己自身や他の客体によって触発されて動かされる能力である感情を感性的な認識能力と呼び、下級の認識能力とみなしたのである。知性が、人間の知覚した心像を能動的に結びつける「統覚の自発性という性格をもつ[9]」一方で、自己自身や客体の心像によって触発されて受動的に働く能力である感情は、「感覚のための内的感官の受動性という性格をもつ[10]」と考えたからである。

これにたいしてハイデガーは、気分という「下級の認識能力」であるはずの感情的な能力を、「上級の認識能力」であるはずの認識や意欲よりも根源的なものと位置づけるのである。それは認識や意欲などが可能であるのも、そもそも現存在が感情という気分によって規定されていると考えるからである。

ハイデガーは『形而上学の根本諸概念』の講義で、この気分の存在論的な優位について詳しく検討している。まずハイデガーは気分という言葉で人は、強く規定された気分を想定することを指摘する。「たいていはそしてさしあたりは、われわれは歓喜や悲嘆のように、〈極端に〉彩られた特別な感情にであう。しかしわずかな懸念とか事柄が順調なときの満足感のような気分にはほとんど気づくことがないのである。そこには気分などはまったく欠けているかのようにみえるが、われわれは〈気分づけられていない状態〉のうちにあるのであり、この状態でわれわれは明確に気分に支配されていることもなく、また〈よく〉気分づけられていることもない。しかしこの〈〜こともなく、また〜こともない〉という状態は、われわれは気分づけられていないことを示すものでは決してないのである[11]」。

ハイデガーは、わたしたちがこうした〈気分づけられていない状態〉と思い込む状態こそが、「もっとも強力な気分[12]」であると考える。そして「これはわたしたちの思考や行為の帰結として、それに付随して発生するものではなく、こうした思考や行為のための前提であり、これらのことが行われるための〈媒体〉なのである[13]」と主張する。このように考えるならば、思考や行為、そして認識や意欲は、感情の上位にある能力ではなく、反対に感情こそが認識や意欲のための「前提」であり、「媒体」であり、それが可能となるための「条件」であるということになる。

そうだとすると気分はたんに現存在が自己について認識する一つの状態であるよりも、むしろ認識そのものを可能にするような現存在の存在の条件であることになる。そのことによって、「気分は世界内存在をそのつどすでに全体として開示してしまって」（385）いるという性格をおびているのである。

気分の第三の本質性格

気分の第三の本質的な性格は、それが現存在が世界内存在として、世界において実存することができるようにしているということである。第二の本質性格では、気分は認識に先立ち、認識の条件となるものであることが明らかにされた。この気分を条件として生まれる認識能力によって現存在は、世界のうちで、「たんなる感受や凝視の働き」(386)によって、世界のさまざまな事物を眼前存在として客観的に認識することができる。しかし現存在は同時にそうした事物を、「目配りのまなざし」(同)によって、役に立つ道具的な存在とみなす存在者でもある。

ところがこうした道具はときに、そのような役割をはたさないことがある。取っ手の取れた鍋、切れなくなった包丁などは、役に立たない手元存在者として、それまでに気づかなかったような相貌を示すことがある。ときには、道具であるはずのものが、手に負えなくなることもある。スイッチが壊れた目覚まし時計やタイマーは、電池がなくなるまでなり続けて、現存在を困らせるだろう。日常の移動手段である自転車のブレーキが作動しなくなったならば、現存在は自転車を停止させることができず、交通の激しい交差点に突入して、生命を脅かされるかもしれない。こうした道具的な存在者は「〈手に負えないこと〉や〈脅威となること〉」(同)によって、現存在を「襲う」ことがあるのである。そうしたときに、現存在は世界において「世界内部的に出会うものに迫られうる」(同)ものであることを経験するだろう。

そのとき現存在は、世界においてそれまで意識せずに使っていた手元存在者に初めて真の意味で「出会う」ことになる。これまで便利に使っていた道具であったものが、突然に現存在に「脅威をもたらすもの」（同）であることを発見するのである。こうしたことが可能となるのも、現存在が「恐れたり、恐れなかったりするような情態性において存在する」（同）からにほかならない。このように気分の第三の本質性格は、現存在が認識する主体としてだけではなく、世界に存在するものから脅かされるような受動的な存在者として存在していることを示している。「情態性には実存論的にみて開示しながら世界へと委ねられているということが含まれているのであり、これに基づいて〈迫ってくるもの〉と世界の側から出会うことができるのである」（387）。

世界開放性

なお段落386の最後の文でハイデガーは、「このように情態性という気分に染められたありかたが、現存在の〈世界開放性〉を実存論的に構成している」（386）と指摘しているが、この「世界開放性」という概念は、マックス・シェーラーが著作『宇宙における人間の地位』で示したものである。シェーラーによると動物は、それぞれの種の本能によって環境に拘束されているが、本能に欠ける人間は、環境に縛られることがなく、世界のうちに生きているという。これが人間のもつ「世界開放性」である。

この人間と動物の世界との関係については、一九二九／三〇年の講義でハイデガーが動物を「世界に乏しい」生き物であり、人間を「世界を構成する」生き物であると主張していることと考え合わせるべきだろう。この違いは、動物と人間との差異の考察を中心とする哲学的人間学の中心的なテーマであり、ハイデガーもまた、この問題意識のうちで、この情態性についての考察を展開しているのである。

ハイデガーはまず、動物を石と対比させる。石は世界をもたない存在者である。これにたいして動物には世界というものがある。動物は環境のうちで生きるものだからである。ただし動物は人間と同じような意味で世界のうちで生きる存在者ではない。動物は実存することがないために、世界内存在ではありえないからである。そこでハイデガーは、世界をもつ人間と対比しながら、「動物は世界というものが乏しいものである」[14]と規定する。それは動物は、生物学的に規定された「自分の囲みの輪」[15]に囚われているからである。この「囚われの振る舞い」[16]のために、動物は決して「自分自身のもとにある」[17]ということができないのである。動物が本能によって環境との相互関係を結ぶように規定されているからである。蜂は石のように、ただ地面の上に転がっていることはなく、自分の住む「家」を作ることができる。しかし蜂は本能で定められたようにしか、蜂の巣を作ることはできないのである。

このように動物は世界を自分の生存のために利用することができるが、「囚われ」のために世界の存在そのものを認識することはできない。世界のうちで生きているために、世界そのものを、その存在を認識することができないのである。これにたいして人間は目の前にあるものを「あるもの」として規定することができる。人間は目の前にあるものを自分とのかかわりで、それにある態度をとりながら、それが「ある」ことを主張することができる。人間は存在者そのものだけではなく、その存在者が存在するという事実を認識することができるのである。

人間が存在者の存在を認識できるということは同時に、人間は無を認識できるということである。人間はいつでも眼の前にあるものを「なくす」ことができる。人間は存在を認識し、その存在を否定することで「無」を認識することができるのである。この無の認識によって、人間はあるものとの関連において「態度をとる」[18]ことができる。

このように動物は環境に囚われているが、人間はその環境を、そこにおいてあるものが存在したり、存在しなかったりすることのできる「世界」にすることができるのである。そのことによって人間は環境に囚われることがなく、シェーラーの指摘するような「世界開放性」(386)を特徴とするのである。

情動論

ハイデガーは、この気分の本質性格をまとめて、現存在が世界内存在として「世界へと委ねられている」(387)こと(これが第一の本質性格と第二の本質性格である)、そしてこれによって現存在に「〈迫ってくるもの〉と世界の側から出会うことができる」(同)ことを指摘している(これが第三の本質性格である)。現存在は動物と同じように世界のうちに生きている。しかしそれを本能によって拘束されて結びつけられ、囚われた「環境」としてではなく、「世界」として認識し、そうした世界のうちで開かれて生きることができるのであり、「世界を第一義的に露呈させる」(同)ことができるのである。それは現存在が情態性によって規定され、世界のうちで「たんなる気分」(同)に浸されているからにほかならない。環境を知覚するための「純粋な直観」

(同)では、「それがどれほど眼前的なものの存在の内的な核心にまで迫ったとしても、決して〈脅かすもの〉のようなものを露呈させることはできないだろう」(同)と言えるのである。

このように情態性と気分の重要性を強調することは、理性を重視する伝統的な哲学の傾向とは明確に対立したものである。しかしこれは、カントによって「第三の認識能力」と呼ばれた感情の働きの重要性を過度に強調するものと考えるべきではない。むしろ人間の認識の端緒においては、そのような情動に浸された認識や、対象を道具として使おうとする意図に基づいた認識が、客観的で科学的なまなざしによる認識よりも根本的なものであり、先立つものであると考えるべきなのである。

ハイデガーはこのことを、アリストテレスの『形而上学』での議論を援用しながら指摘している。アリストテレスは人間の認識というものは、「安楽な生活(ラストーネー)のためにも、閑暇のある暮らし(ディアゴーゲー)のためにも、……必要なあらゆるものがほとんど備えられたとき(19)」になってから、初めて生まれたものであると語っている。世界に必要な道具は、配慮するまなざしのもとで獲得され、使われるものである。これらの道具を使うことで、人間は世界のうちで安楽に生きることができるようになる。その後で初めて、純粋な知的な欲求として、驚きに基づいた好奇心のようなものとして、純粋な知への欲望が生まれると、アリストテレスは考える。

それと同じようにハイデガーは、まず生活を安楽にするためのさまざまなまなざしと知識が働き、こうした欲求が満たされた後に、初めて「純粋な観想《テオーリア》」(388)という観想のまなざしが生まれると考えるのである。人間の「認識による規定の営みが、世界内存在の情態性のうちで実存論的かつ存在論的に構成される」(同)のであって、最初からテオーリアの純粋なまなざしが働いていたわけではない。

ただし「情動一般についての原理的で存在論的な解釈が、アリストテレス以降というもの、注目に値するような進歩をほとんど遂げていない」(390)ために、哲学の伝統ではこうした気分についての考察が異質で、異例なものとなっているにすぎないのである。その例外となるのは、フッサールの始めた現象学の試みであり、現象学は「これらの現象をふたたび自由に考察するまなざしを作りだした」(391)と高く評価されている。とくにマックス・シェーラーの試みは、この現象を考察するための「問題構成を展開した」(同)とされている。このシェーラーについての言及はパスカルとアウグスティヌスの引用を組み込むなど、入り組んだものになっているので、順に考えてみよう。

シェーラーの問題提起

ハイデガーはシェーラーの試みについて、「シェーラーはとくにアウグスティヌスとパスカルの与えた衝撃をうけとめて、〈表象する〉作用と〈関心をもつ〉作用のあいだでたがいに基礎づけあう連関について、問題構成を展開した」（同）と評価した後に、「ただしここでも、これらの作用現象一般の実存論的および存在論的な基礎は、まだ暗がりのうちにとどまっている」（同）と指摘する。本書で考察する問題の枠組みでは、シェーラーの問題構成はまだ不十分なものなのである。以下ではシェーラーの著作を検討しながら、ハイデガーがどのようなことを考えていたかを推測してみよう。

ハイデガーはここで「アウグスティヌスとパスカルの与えた衝撃」（同）について語っているが、ここでまず引用されているのは、「慈愛によらなければ真理に入れない」（原注3）というアウグスティヌスの言葉である。パスカルはこの言葉に基づいて、「人間的な事柄について語る際には、人々を愛する前に、彼らを知る必要があるとされているのであり、それが格言にもなっている。これにたいして聖人たちは反対に、神的な事柄については、それを知るためには愛さねばならない、人は慈愛によってのみ真理に入るのだと言っている。そしてこれをもっとも有益な格言の一つにしたのである」（原注3）と語っているのである。

ところでハイデガーがすでに挙げた著書で引用しているパスカルの文章は、理性と愛の対比について語ったものではなく、それと関連した理性と心情の対比について語ったものである。パスカルは『パンセ』で、心情の重要性を強調する。パスカルは「神を直感するのは心情であって、理性ではない。これこそすなわち信仰である。心情に直感される神、理性にではない[20]」と指摘し、神学的な考察をする知的な理性と、神を直感し、愛する心情に依拠した信仰を対比する。それに基づいて、ハイデガーがここで問題とする感情や情動の重要性について、「心情は、理性の知らないそれ自身の道理をもっている。人はいくたのことがらによってそれを知っている。わたしは言う、心情がおのずから普遍的存在を愛したり、おのずから自分自身を愛したりするのは、それらにどれほどうちこんでいるかにより、また心情が普遍的存在や自分自身にたいしてかたくなになるのは、みずからの意向によるのである[21]」と指摘しているのである。

シェーラーはここで心情という語が意味しているのは、「純粋な倫理学と同様に絶対的ではあるが、どのようにしても知的法則性に還元されえない、感得すること、愛すること、憎むことの永遠的で絶対的な合法則性である[22]」と指摘する。これは愛するということもまた、理性に基づく倫理学と同じようにある絶対的な合法則性をそなえているということを意味する。そしてこの問題は、シェーラーのこの書物の目的では、倫理学が理性に基づいた形式主義的な倫理学として、「絶対的でアプリオリで合理的な倫理学[23]」としてのみ可能であるのか、それとも「絶対的であり、しかも情緒的な倫理学[24]」が成立しうるのかという問いにかかわるのである。情動は理性よりも下位におかれる能力ではなく、絶対的な倫理学を構築することができるのではないか。それが「実質的価値倫理学」（この書物のタイトル）の示そうとすることである。

これに関連してシェーラーは、〈表象すること〉と〈感得すること〉を対比する。表象するのは知性であり、これは対象を認識する作用である。感得するのは心情であり、これは対象ではなく価値を認識する作用である。表象は直接的に対象にかかわるが、感得は対象と外的に結びつくのではなく、「根源的に固有な種類の対象、まさに価値とかかわっている[25]」のである。

シェーラーは、このような「感得すること」は、「それとしてはもともと媒介者としての表象を必要としない〈客観化作用〉である[26]」と指摘し、価値を感受する感得の営みは、表象を作る判断などの〈客観化作用〉とは異なる種類の〈客観化作用〉を実現すると主張する。表象を通じた理性の道とは違う心情の道によって、異なる種類の客観化が可能であり、それによって理性の道よりも深い意味での真理に到達すると考えるのである。

シェーラーはこの二つの作用についてさまざまに考察するが、あくまでも哲学の伝統のうちにおいて、伝統的な問題構成においてである。たとえばシェーラーはスピノザ、デカルト、ライプニッツを批判しながら、「あの偉大な思想家たちの誤謬は、感得すること一般を、愛することと憎むことなどと同様に、精神における最終的なものではないし、根源的なものではないと想定したことである[27]」と語っている。

しかしハイデガーにとってはこのような哲学史的な枠組みでの考察は、「実存論的および存在論的な基礎」（391）が欠如したものとみえるのは避けがたい。というのも、ハイデガーが試みる実存論的で存在論的な基礎づけは、シェーラーの試みるような哲学史における「価値」の概念の分析の営みとは明確に異なる性格のものだからである。

ハイデガーは、現存在の〈そこに現《ダー》に〉を分析するには、「価値」などのさまざまな既存の哲学的な概念について分析するのではなく、現存在の世界内存在について、実存論的に分析する必要があると考える。この実存論的な分析では、「あらかじめすでに開示されている存在者について、その存在をいわば〈聞き取る〉ことしかできない」(393)のである。そうした〈聞き取り〉のためには、現存在が抱く感情を分析する作業にはきわめて重要な「原理的に方法論的な意義」(同)がそなわっているのである。この分析は、現存在が開示されているところ、すなわちその気分という情動において、その開示に「いわば同伴」(同)することから始め、次に「そこに示された開示の現象的な内容を、実存論的に概念化」(同)することを試みるのである。

第三〇節　情態性の一つの様態としての恐れ

「恐れ」の現象を分析するための視点

こうした現存在の気分の〈聞き取り〉の一例としてハイデガーがこれから展開しよ

うとするのは、「恐れ」という日常的な現象の分析である。ハイデガーは恐れの現象を次の三つの視点から考察する。すなわち「〈何について《ヴォフォア》〉恐れるか［という恐れの対象］、恐れそのもの、〈何のために《ヴォルム》〉恐れるか［という恐れの理由］」（395）という視点から分析するのである。

これらの視点は、序論のところで問われた問いの三つの構造をさらに一般化したものである。問われているものは「恐れそのもの」という現象である。問い質すべきものはその恐れが向かう対象（ヴォフォア）であり、その恐れという現象の根拠である恐れる理由（ヴォルム）である。問い掛けるのは世界のうちで生きる現存在であり、この現存在がある情動をもつときに、その情動について、その現象そのもの、その現象をもたらした対象、そしてその現象が生まれる理由あるいは根拠の三つの契機を問うのである。この問いの構造は「情態性一般の構造」（同）として、すべての情態性の分析に利用されることになるだろう。

恐れの三つの構造契機

第一の構造契機は、「〈何について《ヴォフォア》〉恐れるかというその〈恐ろしいもの〉」（396）、恐れの対象である。主体にとって「恐ろしいもの」は、通常は主体自身ではなく、他なるもの、すなわち「手元存在であったり、眼前存在であったり、共同現存在であったりする」(同)。こうした「恐ろしいもの」が主体を「脅かすもの」(同)となるためにはいくつかの条件が必要だとされている。ハイデガーはこうした条件として次の六点を列挙している。

第一は、その恐ろしいものには「害をなすものであるという適材適所性の様式」(同)がそなわっていることである。いつも蛇が怖いと恐れている人には、散歩しているときに目にした紐ですら「害をなす」蛇にみえるだろう。ただしそうした恐れが生まれるのは、その恐れの適材適所性のもとにおいてである。蛇が出没する可能性のある「適材適所性の連関」(同)が欠如している場合には、ふつうはひとは恐れないものである。都会の真ん中では、紐をみて蛇ではないかと恐れる人は少ないだろう。蛇は野原や茂みという適所のうちでこそ、恐れを呼び覚ます適材となるのであり、都会の喧騒のなかには適所をもたないのである。

第二は、その恐ろしいものが狙ってくる「辺り《ゲーゲント》」と、それがやってくる特定の「辺り」というものがあることである。「狙ってくる〈辺り〉」はわたしの足であり、わたしの足が「その害をこうむる可能性のあるもののうちの特定の範囲」(396)を構成する。そして恐れが「やってくる特定の〈辺り〉」は、わたしの足の間近にある道端の草むらである。

第三は、その恐ろしいものも、それがやってくる「辺り」そのものも、主体にとっては「安心できない」(同)ものであることが周知されていることである。蛇が怖いのは、たんにそれが害を加えるだけではなく、その害が加えられる可能性が「安心できないもの」として周知されているからであり、そしてそれがどの辺りからくるものかということも周知されているからである。蛇という生き物をまったく知らない人や、蛇が草むらのなかに潜んでいる可能性があることを知らない都会人は、散歩をしていても、蛇を恐れるということをしないだろう。悪い意味で「怖い物知らず」なのである。

第四は、その恐ろしいものは、離れたところから主体のいるところへと「近づいてくる」という性格のものであることである。道を歩いていて、草むらに足を踏み込まないかぎり、蛇に嚙まれる心配がなければ、蛇もそれほど恐ろしいものではない。ところが蛇はしばしば道路を横断するものだから、うっかりすると紐と間違えて踏んでしまうかもしれない。蛇は遠くにあるのではなく、主体が踏みつけてしまいそうなほどの「近さ」にやってくる。それが接近することで、その害と怖さがますます強くなるのである。

第五は、この接近は曖昧さと不意打ちという性格をそなえていることである。それが必ずやってくることが分かっていれば、主体は心のうちで準備をすることができる。その場所で蛇が頻繁に目撃されていて、そのことが周知されていれば、散歩する人も、足回りの対策をして、杖などで身を守ろうとするだろう。このような覚悟があれば、蛇に噛まれることがどれほど恐ろしいことであっても、ひとはそれほど脅かされないものである。「出くわすかもしれないが、結局は出くわさないかもしれない」(同)という曖昧さのうちで不意を打たれることが、恐ろしさを強めるのである。

第六は、この恐ろしいものには結局は出会わないかもしれないという気持ちがあることである。その予測不可能性と不確実性が、逆にひとの恐れを強める。まさか蛇に出会うことはないだろうなと思いながら歩いていると、紐を見ても怖くなるのである。

恐れの第二の構造契機

恐れの分析について示された第二の構造契機は、「恐れそのもの」であって、これは恐れの性質を問うものである。現存在が恐れるとき、それはいまだ来らざるものを恐れるということであり、しかもそのさまざまな帰結を想像して恐れるのである。たとえば地震の頻発する国で暮らしているわたしたちは、無意識のうちにも絶えず大地震がやってくることを恐れている。もう一つ大きな地震が日本を揺らすと、日本は壊滅的な状態に陥るのではないかと心配だからである。

わたしたちは恐れながらも、さまざまな細部にわたって、地震のもたらす結果を想像してみる。原子力発電所は大丈夫だろうか。操業中の原子力発電所がまた津波にやられないだろうか。津波にやられたらどんな結果になるだろうか。恐れる現存在は、さまざまな帰結をあらかじめ考えだし、みずから発見する。その想像力の働きは、「〈目配り〉のまなざし」によるものである。このまなざしは、恐ろしいものが到来したときの帰結を確認してからそれを恐れるのではなく、「近づきつつあるものが、それ自身恐ろしいものであることを、あらかじめ露呈させているのである」(397)。そしてそのまなざしの発見する力によって、その恐ろしいものの帰結を「はっきりとみとどける」（同）ことが可能になるのである。

このまなざしの働きのために、現存在はその恐ろしいものとともに、世界を新たに発見する。自分の存在とその未来が賭けられている場所として、世界を自分そのものと同じように恐れる。現存在は「怖がり」（同）であることを特徴とする存在者であり、それが怖がることによって世界が開示される。世界はあたかも現存在の身体とひと繋がりのようなものとして実感されるのである。

恐れの第三の構造契機

恐れの第三の構造契機は、恐れが「何のために《ヴォルム》」生まれるかという恐れの理由である。これは、恐れの対象についての第一の構造契機の観点と、「恐れそのもの」についての第二の構造契機の観点が結びついたものである。主体である現存在が、対象である恐ろしいものを恐れるのは、みずからの生と将来が脅かされているからである。「みずからの存在において、その存在そのものが心配されている存在者だけが、恐れることができる」（398）のである。

恐れと自己

恐れの究極の理由はこのように、自己の存在と幸福が脅かされることである。わたしたちが原子力発電所の事故の可能性について恐れているのは、原子力発電所の事故がわたしたちの幸福を損ねるからである。わたしが自分自身のためではなく、たんなる事物にすぎない「自分の住居の〈ために《ウム》〉恐れている」（398）としても、それは放射能で汚染された住居のうちでは、もはや暮らすことができなくなり、自分の今後の人生設計が破綻するからである。

恐れは、現存在が自己の生をどのように考えているか、自己の生の将来設計をどのようにしているかを露呈する。それが希望と対照的な恐れの意味である。〈希望〉は、現存在の将来の生活設計について、それを肯定的で積極的な側面から明らかにする。現存在が将来どのようなことをしたいのか、どのような生活を送りたいのか、どのような人とともに暮らしたいのかを、希望は明らかにする。それにたいして〈恐れ〉は、そうした希望がどのようにして実現されなくなるかという可能性を、否定的で消極的な形で、「欠如的なありかたで」（同）明らかにする。恐れは同時に、現存在が将来にどのような望みをもっているかを暴く。そしていかにして現存在のそうした将来への望みがついえるか、それを恐れが暗黙のうちに描きだすのである。

このことは、他者の「代わりに恐れる」(400)場合にもあてはまる。他者の生について利他的に恐れているようにみえるとしても、現存在が恐れているのは、その他者との共同の生の可能性が、そしてその共同の生がもたらす自分の幸福が失われることである。こうした恐れでは「〈本来的には〉たしかに自分のことで恐れていないとしても」(同)、すでに指摘されたように、恐れは「みずからの存在において、その存在そのものが心配されている」(398)という規定に反するものではないのである。

アリストテレスの実例

ハイデガーは本書で、第一の恐れの性質について分析しながら、恐れが発生するための六つの条件を提起した。これらの六つの条件を、第一「有害性」、第二「潜在的な適所」、第三「害の可能性」、第四「接近」、第五「接近の不意打ち」、第六「回避の希望」と要約してみよう。これらは実はハイデガーが一九二四年にマールブルク大学で行った講義『アリストテレス哲学の基本概念』の分析に依拠しているのである。

アリストテレスは恐れについて考察するために、次の三つの側面を検討する必要があることを指摘する。「しかし人々が恐れるのはどのような性質のものであり、また誰々であり、またどんな心の状態のときにか(1)」。この恐れとは「どのような性質のもの」であるかということは、第二の構造契機の「恐れそのもの」への問いである。恐れが向けられるのは「誰々」かということは、第一の構造契機の「恐れの対象」への問いである。「どんな心の状態のときにか」というのは、第三の構造契機の「恐れる理由」への問いであると考えることができるだろう。この分析は「情態性一般の構造」(395)なのである。

アリストテレスは第一の「恐れとはどのような性質のものであるか」という問いに関連して、恐れの定義を示す。「恐れとは、破滅あるいは苦痛をもたらす差し迫った悪しきものについての表象から生じる一種の不快、あるいは心の動揺(2)」である。ハイデガーは講義においてこの定義が定めているのは、「恐れのたんなる形式的な構造にすぎない(3)」と指摘するが、この定義のうちにすでに第一の条件である「有害性」と第四の条件である「接近」が含まれている。恐ろしいものが恐れをもたらすのは、それが「破滅あるいは苦痛をもたらす……悪しきもの」すなわち害だからであり、その到来が「差し迫った」ものだからである。アリストテレスはさらに人間は死を恐れるはずであるが、それが遠い将来のことであるためにあまり恐れないことを指摘し、「それも遠くではなくて、目前に迫るほどに近くに現れているものだけを恐れる」(4)と指摘している。

次にアリストテレスは、「誰々」という恐れの対象という側面について考察する。アリストテレスが挙げる実例は、力をもっている人の敵意や怒り、不正をなす力のある者、実際に不正をなした者、不正をなされた者、有力者に操られた大衆など、多様なものであるが、それらに共通する特徴としてアリストテレスは、「恐ろしいものどもであるのは、破滅をもたらしたり、あるいは大きな不快を生じる傾きのある損害を与えたりするほどに大きい力を持っているとみえるもの」(5)であると語っているが、これは第一の「有害性」と第三の「害の可能性」の条件を示したものである。また恐ろしいのは、「彼らの攻撃が近いかどうかが不明であり、したがってまたそれが遠いということもまた明らかではない」(6)と語っているが、これは第五の「接近の不意打ち」の条件に該当する。

最後にアリストテレスは、第三の側面である「自分自身がどのような気持ちにあるときに恐れるか」(7)を検討しようとする（これはハイデガーの考察における第三の契機「恐れる理由」に該当する)。この恐れを生み出す「気持ち」について、アリストテレスは「予期」と「希望」をあげている。「恐れは、何か破滅的な苦しみを受けるだろうという何らかの予期に伴われる[8]」のであり、この予期の側面がなければ恐れは生まれない。しかしこの予期は、確実なものであってはならない。それを回避できる希望が残されていなければ、生まれるのは恐れではなく、絶望であろう。アリストテレスは、人々が恐れるには、その恐れを感じているものからの「救いに対するいくらかの希望が残っていなければならない[9]」と指摘している。これは第六の「回避の希望」の条件に該当するだろう。

さらにアリストテレスは、恐れる人は自分だけについて恐れるのではなく、被害を受けそうな人々についても恐れるとして、恐れについて次のように要約している。「恐れるのは、何らかの苦しみを受けそうだと思う人々が、それを受けそうな人々のことを、受けそうなことごとに関して、受けそうなときにおいてである[10]」。この苦しみを「受けそうな人々」という着目点は、第二の条件である「潜在的な適所」とその「辺り」に該当する。

このようにアリストテレスの「恐れ」の分析からは、ハイデガーの六項目の条件のすべてを取りだすことができるのであり、アリストテレスの分析の三つの契機も、ハイデガーの三つの契機にほぼ該当するのである。

恐れの派生的な諸様態

このように恐れは情態性の一つであり、後に詳細に考察される不安と同じように、世界のうちで生きる現存在の存在様態をありありと示すものである。この第三〇節は、ハイデガーの現存在分析のうちで、世界内存在としての現存在の情態性を分析してみせた実例となるものである。ハイデガーは後の一九二九年／三〇年の講義において、疲労、退屈、飽きっぽさなどのさまざまな概念についての現象学的な分析を提起するが、この恐れの分析はその先駆けとなるものである。レヴィナスが後に『実存から実存者へ』で疲労について詳細に考察するが、こうした考察はハイデガーのこの第三〇節の分析や、一九二九年／三〇年の講義における現象学的な分析を手本としたものだろう。

ハイデガーはこのように、恐れという気分を分析しながら情態性の構造契機を考察するが、それだけではなく、恐れの派生形についての考察も行っている。恐れは、

「驚愕」「戦慄」「仰天」などのさまざまな形で登場することがあるからである。

まず驚愕について調べてみよう。人が何かに驚くというのは、不思議なことではない。プラトンとアリストテレスは、哲学の端緒は何かに驚くことにあると指摘した。この驚きは、あることが当然と思えていたのに、それが不思議な謎を秘めていることに改めて気づくということである。

これにたいしてハイデガーがここで、恐れることの派生的な様態として示している驚愕は、恐れの第四の条件である「接近」の特徴と、第五の条件である「接近の不意打ち」の特徴をさらに発展させたものである。ある脅かすものが近づいていることを、主体はうすうすと気づいている。そしてそれに襲われることを恐れているが、それを意識したくないために、表面的には否定している。そうした「〈脅かすもの〉が、〈まだやって来ていないが、いつやって来るかもしれない〉というありかたにおいて、配慮的な気遣いをしている世界内存在を突然に襲うとき、恐れは驚愕になる」（401）のである。

この驚愕の特徴は、恐れているものが近づいていることを主体はうすうすと気づいていること、そして「驚愕において〈何について《ヴォフォア》〉恐れるかは、さしあたり熟知された親しいものである」（同）ことにある。シェイクスピアの悲劇『マクベス』では、マクベスは魔女たちから自分が王になると予言されて驚愕する。「やがては王になるなどと！　そんなことを信じられるか」[11]。

しかしマクベスがこの予言に驚愕したのは、それが考えも及ばないことだからではない。彼が内心でずっと考えていたことを、魔女たちがみすかしたかのように、言い当てたからである。それはマクベスが妻とかねがね話し合っていた「熟知のこと」だったのである。この熟知のことは、マクベスにとっては「脅かすもの」という性格をおびている。そのためには危険を冒す必要があるからである。

これにたいして〈脅かすもの〉が熟知のものではなく、〈安心できないもの〉という性格をそなえている場合には、それは「戦慄」になる。マクベスは、たんに王になるという魔女の予言を聞いただけではなく、それを実際に自分の手で行おうと考える。その考えを、たんに脅かす熟知の危険としてではなく、実際に自分がその危険を、ダンカン王の殺害という行為として思い描いたとたんに、マクベスを「戦慄」が襲う。それは自分の生死を賭けた行為となるからである。失敗すればすぐにでも死が訪れる。そのことを思い描いただけで、たんに「王になる」という予言を聞かされたときの驚愕とは異なる種類の恐れが生まれる。マクベスは自分にこう問い掛けている。「なぜおれはやつらの誘惑にうながされ、その姿をただ心に思い描くそれだけで、こう髪が逆立ち、心臓はあるべき自然のありかたにそむいて、かくも激しく肋骨を打ちたたくのだ[12]？」。マクベスは王の殺害を自分の行為として思い描いたときに、髪を逆立て、肋骨を叩くほどに心臓の鼓動を乱して、戦慄するのである。

この驚愕と戦慄がともに訪れるとき、それは「仰天」になる。「〈脅かすもの〉に、戦慄すべきものという性格において出会うときに、同時にそれが〈驚愕させるもの〉であるという出会いの性格（唐突さ）をそなえている場合には、恐れは仰天になる」(401)のである。

マクベスはダンカン王を殺害した後に城で開いた宴会の場で、自分の席にダンカン王が座っているのをまざまざと目撃する。

マクベス　だが、テーブルに空席はないぞ。
レノックス　いえ、こちらにお取りしてございます。
マクベス　どこに。

レノックス　こちらに。なぜ、そのように驚いたお顔を？
マクベス　誰がこんなことをした！
貴族たち　なにを、いったい――。
マクベス　おれがやったなどとは言わせんぞ。その血みどろの髪の毛をおれにむかって振りたてるな！(13)

マクベスは、あってはならないものという意味で「驚愕すべきもの」であるダンカン王がそこに座っているのをみる。その血みどろの姿は、マクベスに自分の殺害行為を暴露するという危険を伴っているために、戦慄するものとなる。この二つの要素が重なって、マクベスは「仰天した」のである。

恐れにはさらに「怯え、怖じ気、懸念、呆然」(401)など、さまざまな派生的な形態があるだろう。これらは現存在一般に本質的にそなわる「情態性の実存論的な可能性」(同)の諸様態なのである。

第三一節　理解としての現‐存在

理解の二つの概念

この節からは、現存在の内存在についての考察の第一部「〈そこに現に《ダー》〉の実存論的な構成」の第二の構造契機である理解のテーマを考察することになる。第三一節では、現存在の根本的なありかたを理解として提示し、第三二節ではこの理解の重要な派生概念である解釈について考察することになる。理解は、現存在の情態性を把握するために不可欠な現存在の機能である。

ハイデガーは、「理解」を二つの重要な概念に区別して考察する――一般的に言われる意味での理解と、根源的な実存カテゴリーとしての理解である。ふつうにいわれるような意味での理解とは異なり、根源的な実存カテゴリーとしてみた場合の「理解」には、これまで検討してきた情態性との関連において、二つの重要な特徴がある。第一は、情態性と同じように、理解が「〈そこに現に《ダー》〉の存在が身をおいている実存論的な構造の一つ」(402)であり、情態性と等根源的なものであるということである。

第二は、理解は情態性と同時に存在するものであると同時に、「情態性によって抑えられている」（同）という性格をそなえていることである。理解は情態性に規定された「気分に染められた理解」（同）なのである。この気分との密接な関係を示す第二の特徴がとくに重要だろう。理解する（フェアシュテーエン）という言葉は、一般に気分などに浸されずに、理性によって相手の意図や意志を読みとることとみなされているからである。

理解と有意義性、世界の二つの極

この〈理解〉の概念はすでに、段落242以下で先取り的に提示されていた。そこで明確にされたのは、現存在は世界内存在という存在方式のもとで存在していること、「現存在の存在には、存在了解がそなわっている」（242）こと、それには世界内存在の理解が含まれており、「現存在が存在者としてすでにつねにかかわっているその世界を、現存在は理解している」（同）ということが含まれることである。

そして現存在は、自己をそのための目的（ヴォルムヴィレン）として理解しながら、世界のさまざまな事物を手元存在者として、その目的連関のうちで理解している。これは同時に、有意義性を理解することである。さまざまな手元存在者、たとえばハンマーや木材は、本棚を作るという目的のために必要な手段として現存在が用意したものであり、それらの手段は、それらが使われる材料と場所についての適材適所性を指示する。これらの指示の連関が、有意義性と呼ばれていたのである。これらの目的、手段、適材適所性の全体の関連が「意義を示す働き」（246）と呼ばれ、「この〈意義を示す働き〉の関連の全体を、わたしたちは有意義性（ベドイトザムカイト）と名づける」（同）とされていたのである。このように「現存在において〈そのための目的《ヴォルムヴィレン》〉とともに有意義性が開示されているのであり、そのことは、現存在とは、世界内存在としておのれ自身にかかわる存在者であるということを意味する」（403）のである。

これは、〈理解〉の概念が現存在の実存にかかわるものであるということを示している。「この〈そのための目的《ヴォルムヴィレン》〉のうちで、実存する世界内存在そのものが開示されているのであり、この開示されていることが、理解と呼ばれるのである」（同）。現存在はみずからの存在の意味を問いながら存在するのであり、その問いにおいて世界の全体が理解されるのである。

理解と可能性

ハイデガーはさらに理解の概念のうちには、世界内存在としての現存在のもつ潜在的な能力としての可能性の概念が含まれていることを明らかにしている。すでに段落244において理解と現存在の可能性については、「現存在が自己の存在とそのさまざまな可能性について、そして存在一般の意味について、根源的に解釈することをみずからの課題と定めている」(244)ことで、世界のさまざまな関連を理解する可能性が生まれることが指摘されていた。この節では、以前の段落でたんに示唆されていたにすぎなかったことを、さらに明確に規定しようとするのである。

まず理解するというドイツ語の日常的な使い方から、この語に含まれる「可能性」という意味合いを調べてみよう。ある人が「わたしはチェスを理解している」と語ったとしよう。するとその人はチェスの規則について熟知していること、そしてたんに抽象的に知識をもっているだけではなく、プレーヤーとしてチェスを指せることを主張しているのである。理解するという言葉はふつうは、その分野に通暁していることと、その分野で立派に働くことができることの両方を含むのである。

ハイデガーの存在論の枠組みでは、すでに考察したように理解するということは、世界の適材適所性としての有意義性の意味と、現存在の「そのための目的」としての実存の意味を兼ね備えている。このハイデガーの「理解」の概念は、理解の問題についての考察で有名だったディルタイの「理解」の概念とは時間的な方向性が異なることに注目しよう。ディルタイは学問を、二種類に分類する――「説明」を原理とする自然科学と、「理解」を原理とする精神科学である。精神科学における「理解」の概念についてディルタイは、「精神科学の対象のうちには、精神が客観化せられ、目的が形成され、価値が実現されている。形成されて対象の中におかれた精神的なものを、理解は捉える」(1)と説明している。理解するのは、過去において客観化された精神であり、歴史的なものである。

これにたいしてハイデガーの考える「理解」の概念は、有意義性のもとで世界のさまざまな事物の配置と用途を理解し、そして現存在の「そのための目的」の概念によって、現存在が未来において実存として存在する可能性に向けられている。ハイデガーの理解の概念は、現存在のうちに可能性として潜んでいるものをこれから実現しようと目指す現存在の実存のありかたの特徴なのである。未来において実現されるべき現存在の目的を目指すものとして、未来を志向するものであるハイデガーのこの理解の概念において「可能性」の概念が登場するのは、理解がこの未来において実現されるべき目的に向かっているためである。

ハイデガーは、現存在と可能性の関係について、次のように説明している。「現存在とは第一義的には、自己の〈可能性の存在〉なのである。現存在とは、そのつどそれでありうるものであり、しかもみずからの可能性であるもののことである」(404)。

可能性の存在と存在可能

ここで自己の「可能性《メークリヒ》の存在《ザイン》」という新しい概念が登場する。「可能性の存在」とはどのようなものだろうか。現存在が自己の可能性において存在するということは、それは現存在にとっては、可能性がカントのカテゴリー表に示されたような事物に適用されるカテゴリーではなく、現存在に適用される実存カテゴリーとして、その世界内存在の実存の根源的なありかたを示すものであるということである。

カントのカテゴリー表では、可能性は様態のカテゴリー部門の一つのカテゴリーである。カントは様態のカテゴリーとして、可能性、現実性、必然性を挙げていた。第一の可能性のカテゴリーは、ある事態が起こりうると同時に、起こらないこともありうることを示している。樹木が台風の強風で倒されるのは、起こりうることであるが、樹木の抵抗力が強ければ、それは起こらないだろう。この可能性の存在は、現実の事態がまだ可能的にしか存在しないありかたを示している。

第二のカテゴリーは現実性であり、ある事態が現実に起こっていること、台風の風で樹木が現実に倒れたことを示している。第三のカテゴリーは必然性であり、さまざまな条件にかんがみて、樹木が台風の強風で倒れることが、実際に現実的なものとなることが必然的であったことを示している。

可能性は現実性で否定され、それが必然性で止揚されるというのが、カントの様態のカテゴリーの構成である。このカテゴリーは、自然の事物に適用されるものであり、その出来事を観察した外部の人間が、その出来事が発生するのが可能であったか、現実のものであるか、それとも必然的なものであったかを判断するカテゴリーである。

これにたいして現存在に適用される実存カテゴリーとしての可能性は、「まず眼前的に存在していて、さらに何ごとかをなしうることを付録のようにもっている存在者ではない」(404)という文章で示されているように、何かをすることも、しないこともできる「付録のような」可能性のことではない。これは「〈世界〉について配慮的に気遣い、他者たちにたいして顧慮的に気遣うという特徴的なありかたをしているということである。そしてそのすべてにおいて、かつつねにすでに、現存在は自分自身に向かって、そして自分自身をそのための〈存在可能〉としているということである」（同）。現存在はつねに「可能性の存在」なのである。

この「可能性の存在《メークリヒザイン》」という概念は、「存在可能《ザインケネン》」という概念と対比して使われる。「存在可能」という概念は、現存在の被投性と深い関係にある。現存在はすでに世界のうちに投げ込まれて存在している。現存在は世界においてすべてのことを自由に選択できるような存在ではなく、すでに生まれた瞬間から一つの運命のもとにあり、世界のうちに投げ込まれるようにして生まれてきているからである。どの現存在も、自分の生まれる土地、生まれてくる両親、生まれてくる時間を選択することはできない。

芥川龍之介の小説「河童」では、生まれてくる子供は誕生にあたって、自分が生まれるかどうかを選択するように求められる。しかし人間たちはそのような選択をすることはできない。世界のうちに、自分の選んだわけではない土地に、時間に、両親のもとに生まれてくるのである。そしてその生涯にわたって、現存在が自由に選択できる選択肢というものはごく限られている。就職するときには、無数の企業に就職する可能性はあるが、家庭の条件、本人の条件、就職先の条件などがすでに定められているために、そのうちで結局のところ選択できるものはごく限られているのである。それが被投性（ゲヴォルフェンハイト）ということだった。これは世界における現存在の受動性を示すものであり、現存在は世界のうちに「投げ込まれており」、現存在はすでにさまざまな存在の可能性のうちから、すでにある存在の可能性をつねに選択させられているのである。

こうしたまだ無規定なままの存在可能のうちから、現存在は一つの可能性を選択するのであり、「現存在は不断に、自己の存在のいくつかの可能性を断念したり、それをつかみとったり、つかみとり損ねたりしている」（405）のである。たとえば、数学の教員になった現存在は、音楽家になるべき可能性を「つかみとり損ねた」のである。「現存在は本質的に情態性のもとにあるために、そのつどすでに特定の可能性のうちに組み入れられているのであり、現存在が実際にそうである〈存在可能〉としては、ほかの特定の可能性をすでに逸しているのである」（同）。このように「存在可能」とは、現存在が潜在的な可能性としては、それになりうるさまざまな存在のありかたを示すものであり、現存在はそうしたさまざまな存在可能のうちから、一つの存在可能を現実に選びとっているのである。

これにたいして「可能性の存在」であるということは、たとえ現存在が現実にある一つの「存在可能」を選びとって数学の教員になっていたとしても、まだそこにさまざまな可能性が秘められていることを示している。音楽家になる「存在可能」は、たしかにその現存在にとっては実現し損ねた存在可能である。しかし現存在はつねに、別の存在可能を選択し直す可能性を秘めている。現存在は自分にもっとも固有な存在可能を目指して、事実として選択している存在可能を放棄することもできるのである。「現存在とは、自己にもっとも固有な存在可能に向かって自由な存在であるという可能性なのである。現存在にとってこの可能性の存在は、さまざまに可能なありかたで、さまざまに可能な程度で、みずからにとって見通しのよいものとなっている」（405）のである。

このように〈可能性の存在〉としての現存在は、世界のうちに投げ込まれていながらも、自分のありうべき実存のありかたを目指して新たな決断と選択をする自由を与えられている。たしかに現存在は世界のうちに投げ込まれているのであり、その選択の自由はごく限られたものである。しかし現存在は世界と自然のうちで完全に規定された存在ではない。現存在にはつねにすでに選択した存在可能を作り替え、やり直す可能性がそなわっている。今の自分を捨てて、新しい自分を選び取る可能性はつねに与えられているのである。それが現存在が可能性の存在であるということである。可能性の存在としての現存在には、世界のうちに投げ込まれている自分の状況をつねに見直して、作り替える可能性がある。それが世界における現存在に与えられた「投企」の可能性である。

理解と自己についての知

理解するということは、現存在にとっては、事実として選びとった存在可能を認識することだけではなく、さらに「自分のさまざまな可能性のうちに、ようやく自分をふたたびみいだすという可能性に委ねられている」(406)こと、実存する者として新たな可能性を選択しうる「可能性の存在」であることを知っているということである。

しかし理解はすでに確認されたように情態的なものであり、「実存論的には被投性に委ねられたありかたをするものであるため、現存在はそのつどすでに自分の歩むべき道を間違えており、自分を見損なっているのである」(同)。それだけに理解するということは、「自分自身の存在にとって何が重要な意味をもつか《ヴォラン》をみずからに開示している」（407）ということなのである。

　このように、理解することは実存の根本的な様態の一つであり、それは現存在をその被投性において、情態性において、世界内存在としてあらわにするものである。ただし現存在を内存在としてみるときには、現存在は可能性としてはつねに「世界内における存在可能」（408）という形をとることに留意しよう。眼前存在者でない現存在は、いかなる可能性を選択しようとも、つねに世界内存在としての存在の可能性を選択するしかないのである。

　しかしこの理解によって開示された世界内存在は同時に、その〈目配り〉のまなざしの向けられる対象である手元存在者によって囲まれた存在である。世界内存在であることは、何よりも手元的な存在者に配慮しつつある存在者であるということである。だからこそ、一つの「存在可能」を選択していながら、つねに「可能性の存在」である現存在は、世界のうちにさまざまな手元的な存在者の可能性をみいだすのである。現存在のまなざしは、「世界内部的な存在者を、その存在者のもつさまざまな可能性に向けて〈開けわたす〉」（408）のである。

こうした手元的な存在者のもつさまざまな可能性は、「その有用性や使用可能性や害をなす可能性」（408）のようなさまざまな形をとりうる。だから適材適所性の全体性とは実際には「手元的な存在者の連関における可能性のカテゴリー的な全体であったことがあらわになる」（同）ことなのである。

それだけに、「自然の存在についての問いが、〈その可能性の条件〉に向かうものとなる」（同）のである。ハイデガーが指摘するように、自然の事物の存在について理解するためには、そうした事物の存在の可能性を現存在が開示する必要があるのであり、「カントがこのようなことを前提としていたのは、おそらく正当なこと」（同）なのである。

投企と被投性

このように現存在は世界のうちに投げ込まれた被投性というありかたのもとで、さまざまな「存在可能」のうちから一つの存在可能を選択している。その選択は、現存在の被投性のもたらした制約のうちで決定されるだろう。しかし世界内存在としての現存在は〈被投性〉のうちで特定の「存在可能」を選択している存在者であるだけではなく、つねに新たな「存在可能」へと向けて選択を行う「可能性の存在」でもある。

これを示すのが、〈投企〉という概念である。

投企（エントヴルフ）という語は、「投げる」（ヴェルフェン）という動詞から派生した、「投射する」や「投げ掛ける」という能動的な意味をもつ動詞（エントヴェルフェン）から作られた名詞である。これにたいして「被投性」（ゲヴォルフェンハイト）という語は、「投げる」（ヴェルフェン）という動詞の受動形（ゲヴォルフェン）を名詞化したものであり、受動性を特徴とする。どちらも同じ「投げる」（ヴェルフェン）に基づいており、そこに投企と被投性の密接な関係が示されている。

〈被投性〉は、投げるという動詞を受動形にすることで、現存在の世界における受動性を示しているが、〈投企〉はこの投げるという動詞をその能動的な意味のまま名詞化することで、現存在の世界における能動性を示している。このエントヴルフという語は、ふつうの名詞としては「構想、計画、草稿、下図、原型」などの意味をもつ言葉であり、「計画案」、「下書き」、「ラフなスケッチ」などのイメージをもつ言葉である。ハイデガーがこの語について、「この投企は、ある計画を考案して、これにしたがって現存在が自分の存在を調整していくような現存在の態度のこととはまったく関係がない」（409）と断っているのは、この語を「構想、計画」という通常の文脈との結びつきから切り離すためである。

理解と投企の結びつき

このように被投性は、現存在が世界のうちに投げ出されている受動的なありかたを示すが、投企は世界のうちに投げ出された現存在が、みずからの意志でもって、自分のありうべき可能性に向かって、みずからを投げ掛ける能動的なありかたを示すのである。ハイデガーは投企の実存論的な構造について、「理解は現存在の存在を、〈そのための目的《ヴォルムヴィレン》〉に向かって根源的に投企する。そしてそれと同じく根源的に、現存在の存在を、そのときどきの現存在の世界の世界性としての有意義性に向けて投企するのである」（同）と語っている。

この文にはいくつもの重要なことがまとめて語られている。第一は、理解というものが、現存在をそのほんらいの可能性の存在に向けて投企するものだということである。ここに理解という概念の未来志向が明確に示されている。理解は現存在のそれまでの「存在可能」（これは過去の時間にかかわる）を認識した上で、それを新たな「可能性の存在」に向けて、未来へと投げ掛けるのである。「投企は、事実的な存在可能によって開かれる活動の空間《シュピールラウム》の実存論的な存在機構」（同）なのである。この投企と可能性の結びつきについてハイデガーはさらに「現存在は存在するかぎり、つねにすでに、そしてつねになお、さまざまな可能性のうちからみずからを理解する」（同）とも語っている（ここで「つねにすでに」（インマー・ショーン）は過去においてすでに「存在可能」として被投されていること、「つねになお」（インマー・ノッホ）は未来における新たな「可能性の存在」に投企しようとすることと考えておきたい。ここで「なお」と訳した語「ノッホ」には、過去の時点について「つい先頃」を意味することも、近い未来について「いずれ、そのうち」を意味することもあるからである）。

第二は、この可能性の存在は、その現存在のほんらいの実存のありかたとして、その現存在の「そのための目的《ヴォルムヴィレン》」を示すものだということである。そこに現存在の目的と可能性の密接な結びつきが示される。ただしこの「目的」というものは、現存在が明確に意図しているもの、たとえば何かになりたいというような将来において実現すべき目的のようなものとして理解すべきではない。そのことをハイデガーは、「理解は〈そのものに向かって《ヴォラウフヒン》〉投企する〈そのもの〉を、すなわちさまざまな可能性を主題として把握していない」(409)と表現している。このように目的が主題として把握されたならば、目的は「与えられ、意図された事態の地位にまで引き下げられてしまう」(同)ことになるだろう。

第三は、この投企は、世界において宙に浮いたようなものではなく、世界の世界性のうちで、すなわち世界の有意義性の連関のうちで行われるということである。投企は、「現存在の世界の世界性としての有意義性に向けて」(同)行われるのである。これは言い換えれば、現存在は世界のうちに投げ込まれ、世界の有意義性のうちにその場所が定められているという〈被投性〉のうちにあるからこそ、〈投企〉することができるということである。投企の能動性は、被投の受動性と密接に結びついており、投企は被投性に基づいてしか可能ではないのである。すなわち「現存在は被投されたものであるが、それは投企という存在様式のうちへと、被投されているのである」(同)ということである。

カントの概念との類似

この投企という概念は、その受動性における能動性という特徴からみても、カントの「投企」の概念に依拠しているものと思われる。カントは『純粋理性批判』の序文で、認識のコペルニクス的な転回について説明したところで、こう語っていた。「すべての自然研究者たちのうちに一条の光が射し始めたのは、ガ、リ、レ、イ、が重さを一定にした球が斜面をころがり落ちるように工夫したときであり、……こうして自然研究者たちが認識したのは、理性はみずからの計画《エントヴルフ》にしたがってもたらしたものしか認識しない(2)」ということである。

ここで語られているのは、自然を研究するためには、自分があらかじめ「下書き」としての「計画案」(エントヴルフ)をもっていて、その仮説としての「案」を自然に投げ掛けて調べるために、実験する必要があるということだった。『存在と時間』の刊行された年の一九二七年の講義『現象学の根本問題』では、ハイデガーはガリレイのこの実験を「数学的な投企」と呼びながら、次のように語っている。「近代の自然科学は自然の対象化において、すなわち自然の数学的な投企という方途で構成されたのであり、この数学的な投企では自然一般に属する根本諸規定が際立たされた(3)」。この投企は、自然にたいして自分の立てた仮説を投げ掛けて行う実験とその背後にある「下書き」を示している。「ガリレイはもちろんこの投企を、自然の存在論的な根本諸概念、すなわち運動、空間、時間、質料についてのある知識から、またそうした知識のうちで、遂行した[4]」のである。

ハイデガーはこの講義で投企という概念を、カントの自然の概念を紹介した後に、初めて提示している。ここにも投企という概念が、最初は「自然の数学的な投企」という形で、カントの概念に依拠して考案されたものであることが暗示されている。細川亮一が指摘するように、「カントの〈自然の可能性の条件〉との連関の内で企投概念が初めて導入されているのは決して偶然ではない[5]」のである。

カントは、人間は物自体を認識することはできず、人間が認識するのは現象だけであると考えた。そして自然に物理的な法則をみいだすことができるのは、人間が自分の仮説としての下書き（エントヴルフ）を自然に投げ掛けて、それによって自然の法則を自分の認識に合う形で構築することによってであると主張した。これはハイデガー風に言えば、人間は世界のうちに投げ出された〈被投的な〉存在でありながら、自分の構想に基づいて自然に「下書き」を投げ掛けるような能動的な〈投企〉する存在であるということである。

存在の可能性とその超越

このように理解は、自己の「可能性の存在」という未来へ向かうありかたに依拠しながら、既定の「存在可能」をつねに新たな「可能性の存在」に変えることのできる営みであり、それが投企である。「投企は〈投げること〉として、自分のために前もって可能性を可能性として投げ掛けておき、可能性として存在させる」(409)のである。

このため現存在は事実としてすでに選択した「存在可能」をつねに越え出てしまう存在である。選択されている事実としての「存在可能」よりもつねに「より以上」のものを含んでいるのが現存在である。しかし現存在は世界における被投性の存在として、すでに選択した「存在可能」にすぎないこともたしかであり、「現存在が事実的にそうであるもの〈より以上〉であるということも決してありえない」(410)とも、同時に言えるのである。

このようにして、現存在は選択した「存在可能」であるが、それを越え出たものにつねになりうる存在である。というのも現存在は「可能性の存在」として、ほんらいの自己の「可能性の存在」へと立ち戻り、その「可能性の存在」へと自己を投げ掛ける存在だからである。だからこそ「現存在は理解しながらみずからに、〈汝であるものになれ！〉と言い聞かせることができる」（410）ことになる。

非本来的な理解と本来的な理解

現存在はこのようにすでに一つの「存在可能」を選択しているが、同時に「可能性の存在」としては、つねにこうした既定の「存在可能」を越え出る可能性をそなえている。しかし問題なのは、既定の「存在可能」を越えた可能性には、さまざまなものがありうるということである。たしかに現存在は投企することによって、新たな可能性に向けて、みずからの受動的な被投性を越え出る可能性をそなえている。しかしその新たな可能性が、どのようにして現存在に与えられるかによって、重要な違いが生じてくる。

というのも、その現存在が自己の可能性をどのように理解するかについて、本来的な理解と非本来的な理解がありうるからである。ハイデガーは「理解」について、本来的な理解と非本来的な理解を、現存在がみずからの実存のうちから理解するか、世界の側から理解するかに応じて考察している。

すでにハイデガーは、現存在は自己を理解する際に、世界の事物から反照するようにして理解する傾向があることを指摘していた。現存在がみずからの実存としてのありかたを自覚するのではなく、世界のうちに存在する事物の側から、あたかも自分が眼前的な事物であるかのように理解することがある。これが非本来的な理解である。この理解においては、「現存在がさしあたりたいていは、自分の世界のほうからみずからを理解」（411）することがありうるのである。

これとは対照的に、現存在が自己の可能性を理解する際に、その可能性を〈そのための目的《ヴォルムヴィレン》〉から考察している場合には、「現存在が現存在そのものとして実存している」（同）と考えることができる。これが本来的な理解である。

このありかたをする現存在は、自己について「第一義的に、そして全体として実存にかかわるこの〈まなざし〉」（413）をもつことになるだろう。このまなざしは以下で検討するように、「貫くまなざし《ドゥルヒジヒティヒカイト》」（同）と呼ばれることになるだろう。

まなざしの構造

次に問題にされるのは、理解が投企であることから、現存在はつねに被投性としての存在の可能性にまなざしを向けながらも同時に、「そのための目的《ヴォルムヴィレン》」に向けて、みずからの固有の実存のために選択し、決断するまなざしをもつという二重の意味で、理解はまなざしという性格をもつことである。ハイデガーはこれを「理解はその投企としての性格から、わたしたちが現存在のまなざしと呼ぶものを実存論的に構成している」（413）と表現している。

この「まなざし《ジヒト》」の問題はすでに第一五節で、すべてのものにたいしてそれに「固有の〈まなざしの様式《ジヒトアルト》〉」（197）があることが指摘されていた。手元的な存在者にたいするまなざしは、「目配り（ウムジヒト）」（同）と呼ばれていた。眼前的な存在者にたいするまなざしは、「理論的な態度」（198）として、「目配りをせずにただ〈眺めやる〉態度」（同）と呼ばれていた。そしてこのまなざしと目配りのまなざしの違いについて、「事物を〈理論的に《テオレーティッシュ》〉眺めやるだけのまなざしには、手元存在性《ツハンデンハイト》についての理解が欠如している」（197）ことが指摘された。これにたいして現存在が他の共同存在に向けるまなざしは、「顧慮的な気遣いを導くのは、気配り（リュックジヒト）のまなざしと大目に見ること（ナハジヒト）のまなざし」（336）と呼ばれたのだった。

この節ではこうしたまなざしのありかたを要約するようにして、三つのまなざしがまとめて提起されている。配慮する気遣いの〈目配り《ウムジヒト》〉のまなざし、顧慮する気遣いの〈気配り《リュックジヒト》〉のまなざし、そして現存在が〈そのための目的〉を目指して「存在そのものをめがける〈まなざし〉」(413)である。この第三の〈まなざし〉についてはまた、「第一義的に、そして全体として実存にかかわるこの〈まなざし〉を、わたしたちは〈貫くまなざし《ドゥルヒジヒティヒカイト》〉と呼ぶ」(同)と規定されている。これらはどれも「等根源的にある」(同)ものであることに注意しよう。

光の形而上学

このハイデガーのまなざしの理論は、西洋の「光の形而上学」の伝統に連なるものと思われるかもしれない。「光の形而上学」とは、真理が光のもとに現れるというプラトン以来の考え方を示すものであり、当然ながら人間のまなざしに優位をおく理論である。人間にそなわる五感のうちで、見ることは対象を理解する上で、優先的に位置づけられてきた。「分かる」という言葉は多くの外国語で「見てとる」という言葉で代用できる。「見る」というごく基本的な動詞の意味の一つには、「理解する」という意味が含まれるのがつねである。「哲学の伝統では最初から第一義的に、存在者および存在に近づくための様式として、〈見ること〉を基準としてきた」（415）のである。これにたいしてハイデガーは、理解という概念を「見ること」と深く関連づけることに反対する。たしかに、「〈まなざし〉と〈見ること〉を著しく形式化して、存在者と存在にいたるあらゆる通路を、通路一般として性格づけるための普遍的な用語とすることは可能であろう」（同）。しかしこれをそのまま受け入れることには、大きな陥穽が存在している。それは眼前存在を、存在の基本的なありかたとして暗黙のうちに想定することになりかねないからである。

フッサールにおいても、「本質直観」という概念が重視されているが、これは対象の本質を理解する際に、「直観」のような能力によって、本質を「見抜く」ことができるという考えに依拠している。フッサールは現象学の課題について次のように語っている。「現象学とは、純粋な直観の内部に踏みとどまる本質論以外の何物でもあろうと欲しないものなのであるが、その現象学においては、したがってわれわれは、超越論的に純粋な意識の範例的所与に即して、直接的な本質直観を遂行し、そしてその本質直観を概念的にもしくは術語的に確定する」[6]。

この方法論によるかぎり、現象学の課題は純粋な意識の直観において、本質直観を遂行し、それを概念化することにあるだろう。この方法論の第一歩は意識の「直観」にあるのであり、「まなざしで眺めること」としての直観が、すべての考察の基礎となるのである。

あるいはフッサールは「志向性」の概念を、ノエシスという「まなざしを向ける」営みと、そこに意味をみいだすノエマという営みの両方の側面をもつものと考える。「どんな志向性の体験もみな、そのノエシス的な契機のおかげでまさにノエシスの体験である」(7)。そしてこうした「ノエシス的な諸契機の例をあげれば、次のようなものがそれである。すなわち純粋自我が、意味付与によりつつ自らがまさに〈思念して〉いる対象の方へとまなざしを向けること」(8)とされているのである。このようなフッサールの現象学におけるまなざしと、まなざしによる直観の優位は、「眼前的な存在者が「意識の志向性における作用的な側面である」ノエシスから見ての優位をもってい た」(416)と言わざるをえないのである。

しかしこれまで詳しく検討されてきたように、理解という営みは情態性のうちで働くものであり、まなざしによって直観的に把握するような営みではないのである。フッサールの現象学では、本質を直観する際には、その主体における怒りや喜びなどの感情は、還元によって宙吊りにされるべきものにすぎないだろう。その意味では「〈直観〉も〈思考〉も、理解からすでに遠くかけ離れた派生態にすぎない。現象学的な〈本質直観〉ですら、実存論的な理解に根拠づけられている」(416)と、ハイデガーとともに語ることができるのである。直観というまなざしのありかたを、そのまなざしの背後の情態性を理解することで、根拠づけるべきなのであり、「光の形而上学」の罠に陥ってはならないのである。

第三二節　理解と解釈

解釈について

なおハイデガーが指摘するように、現存在は、「世界内存在の投企という存在様式で存在する存在者」(417)であって、それが存在するということのうちに、「みずからの存在を構成する要素として、存在了解をそなえているのである」(同)。現存在の〈そこに現に《ダー》〉のうちに、理解することがすでに含まれているのである。この理解のありかたは、「時的な《とき》」存在解釈に依拠するものとして、本書の第二部で考察が予定されていた。この問題は「被投された投企」(418)という現存在の存在方式に関連して、時間の地平で考察し直す必要がある事柄なのである。

このように理解という概念には、現存在の「世界内存在の根源的な開示性」(同)という特徴がそなわっている。現存在は理解することで、世界に存在するみずからを開示する。そのような開示としての理解は、現存在がみずからの実存について問い掛けることによって行われる。このような世界における日常性において存在する現存在の存在様式について理解すること、そうした自己認識のことを、ハイデガーは理解とは別の〈解釈〉という概念で提起する。

この〈理解〉と〈解釈〉の関係をまず確認しておこう。現存在にとっては、「さまざまな可能性に向けて理解しつつ存在することはそれ自体、存在可能の一つのありかた」(420)なのであって、理解することは現存在の根源的なありかたの一つである。

こうした理解の根源性に基づいた現存在の自己認識が解釈であり、「解釈《アウスレーグング》において理解は、みずから理解したことを理解しつつ、わがものとする」(同)のである。解釈は「理解が行う投企」(同)をさらに発展させる営みであり、「理解のうちで投企されているさまざまな可能性を仕上げる」(同)ことである。

だから解釈は理解の派生的なありかたであり、現存在が自己を世界から理解する方法の一つである。それは「非本来的な理解」（420）であるが、ただし「その真正な様態」（同）なのである。解釈は理解の構造を明確に示す役割をそなえていると言えるだろう。

解釈の三つの発展段階

この理解の派生的なありかたとしての解釈は、世界における現存在のまなざしの存在様態におうじて、段階的に発展すると考えることができる。第一に解釈は、手元的な存在者の有意義性と適材適所性を示すものとして活用される。第二に解釈は、手元的な存在者に手を加えることが必要となったときに、そのために適切な方法を示すのに役立つ。第三に解釈は、眼前的な存在者が純粋に知覚される様態を規定する。次にこの解釈の発展段階を順に調べてみよう。

第一の段階において解釈は、手元存在者が世界においてそなえている有意義性と適材適所性を明示的に示す役割をはたす。ここで働いているのは〈目配り〉のまなざしであり、このまなざしはある手元的な存在者が「何であるか」という問いを提示する。

この問いに〈目配り〉のまなざしは解釈することで、「それは～するため《ツー》のものである」(421)と答える。

このことはすでに了解されていたことであり、それを明示的に示すのが解釈の役割である。このまなざしはあるものを、「～するためのもの」「～として《アルス》」(同)解釈するのである。このまなざしが示すこの「として」が、「理解されたものが明示的に示されるための構造をなしている」(同)ことになる。これは手元存在者を、「あるものとしてのあるもの」(同)という構造において理解するということである。

わたしたちは世界のうちで、さまざまな手元存在者に囲まれて生活している。わたしたちは、どんな手元存在者を知覚するときも、それをまず木や鉄などの物質として知覚してから、その後でそれが「ドア」であるとか、「取っ手」であるとか、「机」であるとか把握するのではない。ドアや机は最初から、ドアであり机であるものとして知覚されているのである。ドアはそれが木材や金属でできた物質であることが知覚される以前に、すでに部屋に入る入口「として」、あるいは部屋から出る出口「として」知覚されている。

机もまたその素材について知覚される以前に、食事をするテーブルや書物を読むときに利用する仕事台「として」知覚されている。その素材や形などが知覚されるのはせいぜい、それがテーブルや仕事台「として」知覚された後のことであり、そうしたことは無用のこととして、知覚されない場合も多いのである。

世界のすべての手元存在者を、まず何よりもある用途に役立つもの「として」認識させるこの解釈は、「いわば裸のままの眼前的な存在者に〈意義〉をまとわせ、それにある価値を貼りつけるような営みではない」(422)。解釈は最初から、世界の適材適所性の連関のうちに、手元存在者を認識させるのである。

これらの手元存在者はそれが「ドアである」とか「机である」というように明示的に言明される必要はなく、「手元的な存在者はすべて、端的に前述語的な形ですでに〈見られている〉のであり、それみずからにおいて、すでに理解されながら解釈されつつあるのである」(421)。こうした手元存在者を、その用途や目的としての「〈としてなしに〉」(同)、材木や金属などの物質「として」把握する見方は、眼前的な存在者に向けられた〈まなざし〉であり、「理解しつつ見ることよりも根源的なのではなく、それから派生した態度なのである」(同)。

第二の発展段階では、手元存在者が世界のうちで有意義性のもとでの適材適所性をそなえていないと判断された場合に、解釈が働き始める。そのような場合には〈目配り〉のまなざしは、手元存在者の適材適所性に何らかの欠如があることをみいだす。ドアの取っ手が外れていると、ドアは開かない。机の足のうちの一本がガタついていると、机が安定せず、落ち着いて本を読むこともできない。そのときには、そうしたドアや机は改善すべき欠如があるものとして、そのままでは適材適所性を喪失したものとして、そのほんらいの〈～のために《ウムツー》〉としての目的を満たすことができないものとして解釈される。

この解釈によって現存在は、〈目配り〉のまなざしのもとにある手元的な存在者が、「〈～のために《ウムツー》〉ある目的にふさわしく、解き分けられ、見やすく分けられた状態にふさわしく配慮的に気遣われる」（同）ようにするために、適切な措置をとることが必要になる。

現存在は、「準備すること、整理すること、修理すること、改善すること、補充すること」（同）などの手段を講じて、その手元存在者に発生した欠如を是正することが必要になるのである。この段階では解釈は、手元存在者のその適材適所性の観点から、その欠如を是正するための行動を促す役割をはたすのである。

第三の発展段階において、〈目配り〉のまなざしに大きな変動が生じる。変動をこうむったこのまなざしは、ドアを「部屋の中に入る入口」として、あるいは「部屋から外に出る出口」として、世界の適材適所性の連関のうちで眺めるのではなく、たとえば茶色の板が張られた四角い物体として、あるいは銀色の金属の物体として眺めることができるようになる。このまなざしは、〈目配り〉のまなざしから、対象をたんなる物体として〈眺めやるまなざし〉に変身したのである。この変化はどのようにして発生するのだろうか。

それは何よりも、〈目配り〉のまなざしの発展の第二段階において、手元存在者に何らかの欠如があることが認識された結果としてだろう。机の四本の足のうちの一つが短くなって、ガタガタとして使いにくくなったとき、わたしたちは机に四本の足があることを、初めて意識するようになるのである。そのとき机は修理すべき物体であることが明らかになるとともに、現存在の日常生活の適材適所性の連関から切り離された独立した物体として眺められるようになる。

このようなまなざしで眺められた机は、もはや手元存在者ではなく、そのほんらいの価値や機能を失ったものとして眺められるようになる。それはたんなる四本の足とその上にのせられた一枚の板の集まりとして認識されるのである。このまなざしのもとで机はその本来の機能を喪失して、たんなる木切れの集まりとして、寒い冬であれば場合によっては薪になる素材として眺められるだろう。

このまなざしはあるいは、対象を新たな価値の観点から眺めることもできる。机のフォルムが美しいと眺めるまなざしは、机を日常的な道具として無意識に使っているときに机を眺めるまなざしとは別のものであり、美的な価値という新しい観点から、机という日常の道具を眺めるまなざしである。あるいはその価格を想起する場合には、購入したときに支払った費用という観点から、さらに机を買い替えるときに発生する費用という観点から眺めることになる。

これらの自然科学的な観点、美的な観点、価格と費用の観点などは、手元存在者の適材適所性の連関のうちに潜在的に含められていたものである。わたしたちは自分の日常生活で使用する手元存在者について、それを最初に部屋にいれた時点では、実はこうした配慮をしていたに違いないのである。見て美しくない机は使いたくないものだし、あまりに美的な観点を重視して選ばれた、費用対効果の不適切な机は、日常の用途には適さないものだろう。しかし日常の生活の中で使い慣れている机は、その機能と、部屋の中での適材適所性という観点から眺められており、その他の要因はほとんど忘却され、意識されないものになっていたのである。

ここで重要なのは、現存在の日常性という観点から考えるならば、手元存在者はその適材適所性の連関のうちで、その機能の面から解釈されるのが基本であると、ハイデガーは考えていることである。現存在は世界のうちで手元存在者をその使いやすさや用途という観点から眺めるものであり、その〈目配り〉のまなざしに何らかの要因で修正が加えられないかぎり、「純粋に凝視する」(421) まなざしは登場することはないはずである。

このように解釈は、日常生活のうちでの〈目配り〉のまなざしから「純粋に凝視する」まなざしへと移行するためには、第二と第三の発展段階を経験する必要があるが、これは「発展」というよりも、ある種の変容である。日常における根源的なありかたは、〈目配り〉のまなざしのもとで、手元存在者がその十全な適材適所性において、意識されずに眺められている状態にあると考えられる。その欠如が意識され、やがてはそれが手元存在者ではなく、たんなる物質として眺められるようになるのは、日常性に何らかの重要な修正が加えられたからなのである。

手元存在者は、「～として」という適材適所性の連関のうちで眺められるのがそのほんらいのありかたである。もはやこうした「〈としてなしに〉」（同）把握されるようになるとき、それは「端的に理解しつつ見ることの一つの欠如態であり、そのように理解しつつ見ることよりも根源的なのではなく、それから派生した態度なのである」（同）。手元存在者を、「～として」眺める姿勢こそが、実存論的なアプリオリな理解のありかたなのである。

解釈の三重の「予-」構造

このように実存論的にアプリオリに考えるならば、理解するということは、手元存在者を、無規定な物質や対象としてではなく、「として」の構造のうちで眺めることである。世界において現存在の周囲にあるすべての事物は、樹木や土地などの自然の事物も含めて、いずれもが手元存在者として理解されるのであるから、これは世界のすべての事物が「として」構造のうちにあり、そのようなものとして理解されるということである。

この「として」の理解というものがどのようなものであるかを、さらに考えてみよう。自然の事物である樹木が存在するのは、たとえば街路樹「として」である。この街路樹は、都市の街路に沿って、たとえば歩道に木陰を作るものとして、適材適所性をそなえた形で植えられている。その存在は世界の構造、この場合には現存在が居住する都市の構造によってあらかじめ規定されている。このような構造は、あらかじめ理解を可能にする「地平」のようなものとして存在している。それをハイデガーは予-持（フォアハーベ）と呼ぶ。都市の街路樹は、その樹木が都市において果たす目的という観点から、世界の適材適所性としての「〜のために《ウムツー》」によって、あらかじめ規定されているのである。

「こうした適材適所の全体性は日常の〈目配り〉のまなざしによる解釈のための本質的な基礎となっている」（423）のであり、これについて理解する解釈は、「そのおりおりに予持（フォアハーベ）のうちに根拠づけられている」（同）のである。

ただしこれは解釈学的には、まだ「あらかじめ持たれている《ハーベ》」だけのものにすぎない。それは解釈の端緒として摑まれた現象である。この現象は解釈を導くめじるしとなるものであり、最初から最後までその解釈の手掛かりとなるものである。「それは探索がその現象において最初から把握されているものであり、最初に把握されたものとして維持されるものであり、その後の対象への眺めやり《ヒンゼーエン》において確固として保持されつづけるものである」(1)。それはまだ端緒としてあらかじめ「持たれている《ハーベ》」だけであって、それを探索し、解釈するまなざしが必要である。このまなざしを提供するのが、予‐視(フォアジヒト)である。

　このように街路樹として植えられた樹木が世界のうちで適材適所性をもつのは、それが現存在の生活の幸福のために必要とされているからである。その必要性は現存在の幸福をめざすものとして、あらかじめ規定されている。この樹木の適材適所性は、現存在の生活の必要性という観点から眺められているのである。すなわち、あらかじめ理解のための前提となる「視点」が存在しているということである。それをハイデガーは予‐視(フォアジヒト)と呼ぶ。これは世界のすべての事物をどのような視点から眺めるかが、あらかじめ規定されているということである。こうした理解は、「理解されたものをどのような観点から解釈すべきかを定めるための〈眺めやる《ヒン》まなざし《ジヒト》〉につねに導かれる必要がある」(423)のである。

　また、世界に生きる現存在の生活に必要なものは、現存在そのものの規定によって定められている。現存在は眼前的な存在者や手元的な存在者とは違って、実存するものである。これらの事物的な存在者にたいしてはカテゴリーが適用されるが、実存する現存在にたいしては実存カテゴリーが適用される必要がある。

たとえばここでの街路樹の用途についての問いは、問いが提起される以前にすでに、それにどのような種類のカテゴリーが適用されるべきかがすでに規定されているのであり、それをハイデガーは予‐握（フォアグリフ）と呼ぶ。問いで問われる概念（ベグリフ）がすでに問いが提起される以前から定められ、把握（ベグライフェン）されているのである。すなわちすべての解釈は、「そのつどすでに特定の概念装置を採用することを決定してしまっているのである。解釈は予握（フォアグリフ）に基づいている」（423）のである。

解釈学的な循環

これらの予持、予視、予握の三つの予‐構造が、現存在の存在構造に固有なものであることについては、第六三節で改めて考察されることになる。ここではこの問題についてはこれ以上は詳しく考察されず、解釈という営みにおいてその予‐構造には、重要な特徴があることが指摘されている。それは解釈学的な循環の問題である。

というのも、このように〈解釈〉において、すでに三重の予‐構造が背後に控えているということは、解釈がどのようなものとなるか、その問い掛けの対象、問いの内容、問い求めるものが、すでに規定されているということにほかならない。これは問いを立てる前から、すでに答えがあらかじめ素描されているということである。

樹木が何のためにあるのかという問いには、さまざまな答えがありうるだろう。都市の景観のためとか、夏の暑い日に木陰を提供するためとか、生態学的に大気内の二酸化炭素を減らすためとか、答える人の観点によって異なる回答が示されるだろう。ところが『存在と時間』の問いでは、それは現存在の生活の幸福のためであることがあらかじめ規定されており、現存在の実存カテゴリーによってこの問題に取り組むことが予定されているのである。だとすると、答えは問いが提起される以前からすでに与えられていることになり、この問いは答えを前提としたもの、この問いについての解釈は回答を先取りした循環論ではないかという疑問が生まれるのも当然である。

すでにハイデガーはこの書物の序論のところで、この循環の問題を提起している。「まず存在者について、その存在において規定する必要があるというのに、この存在者の規定に基づいて、存在への問いを初めて設定しようとするのは、循環論に入りこむことではないだろうか。ある問いを遂行した結果として、初めて手にはいるものを、その問いにおいてすでに〈前提としている〉のではないだろうか」(020)と問われていたのである。

これにたいしてハイデガーは序論では、この問いを問い掛ける現存在という存在者は「存在問題そのものと、ある結びつきをそなえている」(022)という特殊な性格があることを認めながら、それは答えを先取りするものではないこと、存在という特殊な問題の考察においては、「問うことが、〈問われていること〉のうちに本質的にかかわっている」(同)という性格がそなわっていること、そして、存在の意味への問いには、「存在が、ある存在者の存在様態である問いそのもののうちに〈再帰的に含まれて〉いるということ、そして、〈先行的に含まれて〉いるということ」(同)が、本質的なことであることを指摘するにとどめられていた。この「先行的に含まれて」いるということが、ここで予‐持の概念によって改めて提示されたのである。

この循環論についての問いにたいして、ハイデガーはこの部分で明確に答えようとする。この循環論という概念は、論理学の分野で誤謬推論の一例として挙げられることが多い。論理学では循環論とは、結論であるものを先取りして前提のうちに潜ませる誤謬を意味している。しかし『存在と時間』で問われているものは、存在の意味であるが、その問いにおいては、存在の意味が論理的な意味で前提とされているわけではない。むしろこの循環論の非難には、大きく分けて三つの観点から反論することができると、ハイデガーは考えている。

第一に、「あるものをあるものとして」解釈するという営みは、まったくの白紙から行うことはできない性格のものである。すべての解釈は、あるものについて、それがどのようなものであるかを考察するが、そのあるものについて考察する時点で、すでに多くのことが前提として含まれている。街路樹について考察するときには、街路とは何か、樹木とは何かということがすでに確定されている必要がある。これらの概念はすでに明確に定義されている必要があるのである。

そしてこうした概念的な定義のうちには、すでにそのものが「何のために」あるものであるかが含まれている場合が多い。街路という概念は都市という概念を前提とするものであり、都市という概念は人間が集まって居住する場所として、すでに人間という概念と居住という概念を含んでいる。そこには都市がどのような目的で構築されているかということが前提とされているのである。「解釈とは、あるものがまず与えられ、次にいかなる前提もなしに、これを把握することなどではない」（424）のである。街路樹が、都市の街路に沿ってある間隔をおいて植えられ、その都市が人間の居住のために設計されたものであることは「解釈者にとって自明に思われ、議論の対象になっていないない先入観にほかならない」（424）のだとしても、こうした先入観なしではそもそも議論は成立しないのである。こうした先入観は、「予持、予視、予握においてあらかじめ与えられている」（同）ものなのである。

「として構造」

第二に、解釈は「あるものをあるものとして」解釈するということであるが、この「として構造」は、理解における「予持、予視、予握」という三つの構造契機を前提とするものである。そしてこの理解と解釈という営みは、実存論的に存在している現存在の「投企」という存在様態につきもののありかたである。

現存在は世界のうちに世界内存在として存在することのうちにおいて、すでに世界の道具連関のうちで、さまざまな事物を手元存在者とみなして生活している。ドアは部屋に入るための入口、あるいは部屋から外に出るための出口である。ドアの用途はそのようなものとして理解され、ドアは入口あるいは出口「として」すでに解釈されている。ドアについて考察する以前に、現存在は世界内存在としてつねに投企しつつ、世界のうちに内部世界的に存在する事物を、「予‐構造」(425) のうちで理解し、「として‐構造」(同) によって解釈しているのであり、このような理解と解釈のうちで、現存在はすでに生きている。

こうして「世界内部的な存在者一般は、世界に向けて、すなわち有意義性の全体に向けて投企されている。そしてこの有意義性の指示連関のうちに、世界内存在としての「現存在の行う」配慮的な気遣いが、あらかじめ固定されている」(427) と言わざるをえない。現存在が実存するということは、すでにあらかじめ理解の「予‐構造」のうちで、あるものをあるもの「として」解釈しつつ生きるということであり、それはすでにこうした理解と解釈が、現存在の生そのものの前提となっているということを示している。この意味での循環論は、論理的な誤謬ではなく、現存在の生にそなわったものなのであり、これを否定したり排除したりすることは、現存在の世界内存在を否定するのと同じことなのである。

意味と意義

第三に、この現存在の生のありかたを「意味」という観点から考えることで、この循環論という非難に反論できる。現存在はつねにその生において、「意味」について考える存在である。ここで意味（ジン）という語は、意義（ベドイトゥング）という語や、それと密接な関係にある有意義性（ベドイトザムカイト）という語と密接に結びついている。ジンとベドイトゥングはどちらも意味と訳されるが、この二つが対比される場合には、意義《ベドイトゥング》は有意義性の連関のうちで定められ、意味《ジン》はその手元存在者が現存在に提供する役割という文脈で考えられることが多い。

有意義性とは、世界において手元存在者がどのような適材適所性の関連のうちにあるかという問いのもとで定められる。街路樹は、たとえば夏に日陰を作るという適材適所性をそなえている。街路樹の「意義」は、その日陰を提供するという目的のうちに示される。そしてこのようにして示された街路樹のもつ「意義」が、実存する現存在の存在にたいして持つ「意味」が示されることで、街路樹のもつ「意味」も同時に明らかになる。

言い換えると、街路樹は、それが現存在の幸福という最終的な「そのための目的《ヴォルムヴィレン》」

の観点からみて、日陰を提供するもの「として」解釈され、その「意義」が理解されたときには、それが現存在にとってもつ「意味」が明らかになっているのである。これをハイデガーは、「世界内部的な存在者が、現存在の存在とともに露呈されて、了解されるにいたるとき、それは意味をもつと言われる」（427）と説明している。ただし「意味」は「意義」とは違って、「として」構造のうちで、適材適所性を明らかにすることを目指すものではない。意味は、現存在が理解し、解釈するときに現存在が把握する「形式的な枠組み」（同）である。「意味とは、理解にそなわる開示性の形式的で実存論的な枠組みであると考える必要がある」（同）のである。

すなわち「意味」とは「現存在の実存カテゴリーであって、存在者に付着していて、存在者の〈背後〉にあったり、どこかの〈あいだの領域〉に漂っていたりする属性のようなものではない。意味を〈持つ〉のは現存在だけ」（同）なのである。

だから「意味」が現れるのは、「世界内部的な存在者が、現存在の存在とともに露呈されて、了解されるにいたるとき」（同）である。そして意味されるのは世界内部的な存在者そのものではなく、「あるものの了解可能性がそこで保たれているもののこと」（同）であり、「理解による開示のうちで分節することのできるもののこと」

（427）なのである。ある事物が意味をもつというのは、現存在そのものが世界において存在する理由と根拠を理解する可能性がそこに示されているということである。

　このように、すべてのものは「意味」をもつことで現存在によって理解可能になるのである。だから「意味」とは、「投企が目指していた〈その向かうところ《ヴォラウフヒン》〉であり、それは、予持、予視、予握によって構造化されているのである。この構造化された〈その向かうところ〉に基づいて、〈あるものとしてあるもの〉が理解できるようになる」（同）のである。意味が理解されるときには、すでにこうした「予持、予視、予握によって構造化されている」現存在の世界内存在というありかたが前提とされているのであり、これが前提とされることは循環ではなく、世界の事物が意味をもつ可能性の条件なのである。

解釈学的な循環の文献学的な概念

　このようにハイデガーは、解釈において「予-構造」が働くことは、論理的な誤謬としての循環論ではないことを、基礎存在論の方法論的な立場から明らかにした。これは解釈が成立するための前提となる条件なのである。

ただし一方では、ドイツの解釈学の伝統において、解釈学的な循環という概念が存在する。シュライアーマッハーからディルタイへと引き継がれたこの概念は文献学的な循環の概念であり、歴史的に先立つ時代の著者のテクストを解釈する際に発生する「循環」の重要性を指摘するものである。というのも、あるテクストを理解しようとするとき、その理解はそのテクストの個別の部分の理解によって成立する。個々の文を理解することで、初めて全体の文が理解できると考えるのが通例である。しかしその個別の文を理解するためには、そのテクストの全体が理解されていなければならない。個別の文を理解せずに全体を理解することはできないが、個別の文を理解するためには、全体を理解していることが前提となるのである。

これはある著者のテクストの総体についても言えるだろう。たとえばマルクスの『ドイツ・イデオロギー』を深く理解するためには、初期のマルクスから晩年のマルクスにいたるまでのマルクスの思想の軌跡の全体を理解している必要がある。マルクスの思想の全体像の理解に基づいて、初めてマルクスの個別のテクストは理解できるようになる。しかしマルクスの思想の全体像というものを把握するためには、学位論文から『資本論』にいたるマルクスの個別の著作をそれぞれに理解し、把握しておく必要がある。こうした個別のテクストの理解の全体に基づいてこそ、マルクスの思想の全体像を初めて構築することができるのである。

このように全体を理解するためには個々の部分を理解しておく必要があるが、逆に個々の部分の理解は、全体の理解によって初めて可能になる。ここにある種の循環的なありかたが存在するのは明らかであるが、これは論理学で指摘されるような論理学的な誤謬推論ではない。一人の思想家を理解するために、誰もがたどらなければならない道なのである。ほぼ白紙の状態から個別のテクストを読み始めたとしても、その思想家の全体のテクストを読み終えてから、そのテクストを改めて再読することで、そのテクストの理解が深まる。個別から全体へ、全体から個別へと、毎回循環を反復することによって、テクストの理解が次第に深まってゆくのである。この循環は、反復しつつ、深めるべき循環である。

ディルタイは解釈学にはいくつかの重要なアポリアが存在することを指摘しているが、その一つが解釈学的な循環のアポリアである。これはすでに指摘したように、部分と全体性のアポリアと考えることができるだろう。ディルタイはこれについて、次のように語っている。「個別から全体が理解されるが、しかしまた個別は全体から理解される。しかも一つの作品という全体は、〈作者の〉個性へ、またその作品が関与している文学へと進むように要請する。結局、比較という方法によってはじめて、どの作品も、それどころかどの文章も、私がそれを以前に理解していたよりも深く理解される。このようにして理解は全体からなされるが、しかし他方では全体の理解は個別からなされる」[2]。

このように全体と個別の循環的なプロセスを、ディルタイは「追構成的な理解」のプロセスと呼ぶ。「最初に追構成的な理解は、全体を予感においてつかむのだが、それ以前に、理解は個々のものの認識から意識された、あらゆる特殊性の中で生きている認識の統一性にまで高まっているのである。こうしたことによって、解釈概念にある循環は解消される[3]」のである。

このような意味での解釈学的な循環は、作品を理解するために必須な作業であり、回避する必要のある誤謬ではない。「解釈は循環に陥らずに、いかにして学問的な成果を生みだすことができるのだろうか」（430）と問われるべきなのである。だからこの循環は論理学的な「悪循環《キルクルス・ウィティオスス》」（同）ではない。このような悪循環として非難されているこの「予-構造」こそが、解釈の前提であり、「すべての解釈はすでに示したような〈予‐構造〉のもとで行われる」(430)ものである。だからこそ、「決定的に重要なのは、循環のうちから抜けだすことではなく、正しいありかたで循環の中に入りこむことである。この理解の循環というものは、任意の認識様式がそのうちで働いている円環のようなものではなく、現存在そのものの実存論的な予‐構造を表現したものなのである」(431)。

自然科学的な学問では、対象となるのは人間ではない事物である。天文学や物理学や幾何学は、天体、物体、図形を対象とするのであり、そこに主観的な要素が含まれることを避け、客観的で厳密な認識を目指すべきである。こうした学問においては、前提に結論を含めるような循環は誤謬であろう。しかし現存在を考察の対象とする歴史学、文献学、基礎存在論では、自然科学で求められるこのような客観的な理想は通用しない。「歴史学的な認識の存在論的な前提は、精密科学の厳密さという理念よりも、原則的にさらに高い次元」(同)を目指すのであり、こうした循環を回避するのではなく、その循環のうちに入りながら、洞察を深めてゆかねばならないのである。そもそも「世界内存在としてみずからの存在そのものが重要なものである「現存在という」存在者は、存在論的な循環構造をそなえている」(432)のである。ガダマーが指摘しているように、「循環には存在論的に積極的な意味がある」(4)のである。

なおこの解釈学的な循環の問題は、第六三節で実存の解釈学的な了解を考察するところでふたたび検討され、実存論的な分析では循環は避けられないものであることが改めて指摘されることになる。

第三三節　解釈の派生的な様態としての言明

現存在の根本的な存在様態としての語り

さてこれまでで、「あるものをあるものとして」解釈すること、その「として構造」と、その前提となる理解における「予-構造」としての「予持、予視、予握」の構造が解明された。この理解は、すでに考察されてきた情態性とならんで、現存在の根本的な存在様態である。この現存在の根本的な存在様式として、さらに語り《レーデ》の考察が行われる。すでに内存在の考察の基本的な構成を示したところで、〈そこに現《ダー》に〉であることを等根源的に構成する二つのありかたとして「情態性と理解」があげられた後に、第三の等根源的なありかたとして「語り」があげられていた。「情態性と理解は等根源的に語りによって規定されている」（373）のである。

言明についての考察

ただしハイデガーは、〈そこに現に《ダー》〉の実存論的な構成の根本要素であるこの「語り《レーデ》」について考察する前に、理解の派生的な様態として、言葉を使う「言明《アウスザーゲ》」について考察する。第三〇節では、情態性の様態の一例として「恐れ」について考察されたが、第三三節ではこれと同じように、「解釈の派生的な様態としての言明」が考察されるのである。「恐れ」の考察の場合は、一つの模範的な実例として考察されたが、言明の場合には、考察すべきもっと別の理由がある。それは解釈学的な循環の考察において、「意味」という概念が提示されたためである。ハイデガーは「意味」の概念を定義して、「理解による開示のうちで分節することのできるもののことを、わたしたちは意味と呼ぶ」（427）と語っていた。

「意味」は、理解によって開示されたものについて、言葉によって分節して語られる必要があるのである。この語られた（アウスゲザークト）言葉が言明（アウスザーゲ）と呼ばれることになる。そのため言明においてもまた「意味」が語られることになる。というのも、「言明《アウスザーゲ》すなわち〈判断〉は、理解に基づいて、解釈を派生的に遂行する形式なのであるから」(433)である。こうして第三四節で「語り」について考察する前に、この第三三節で「判断」という形で表現される「言明」について考察することが必要とされたのである。

この言明について考察することには、三つの根拠があることをハイデガーは明らかにしている。第一の根拠は、言明を考察することは、「理解と解釈を構成している〈として〉構造」(434)を解明するために役立つことである。理解と解釈の考察という重要な課題を遂行するために、言明の考察は大きく貢献するのである。

第二の根拠は、古代の存在論の伝統においては、ロゴスが存在を考察するための「唯一の導きの糸」(同)とされていたが、ロゴスで語られることがすなわち「言明」であるであるために、言明は「基礎存在論の問題構成のもとで、傑出した位置を占めている」(同)のである。序論でのロゴスの考察を踏まえて、古代の存在の伝統に一瞥を投げ掛けるという意味でも、言明の考察は重要な課題である。

第三の根拠は、アリストテレス以来、真理はロゴスに宿ると一般に考えられてきたが（ハイデガーはこの主張を明確に否定することになる）、ロゴスは言明であることを考えると、言明を考察することは、真理について考察するためにも不可欠な条件となるのである。「言明の分析は、この真理という問題構成をともに準備するものである」(434)。

このように言明の分析は、理解についての洞察を深めるためという目的だけではなく、古代の存在論の伝統を新たな視点から考察し、真理のありかについて検討するためにも重要な意味をもつことになる。特に第二と第三の目的は、本書の課題からして、きわめて重要なものであり、たとえば第四四節では、真理の問題が集中的に考察されることになる。

それだけではなく、これらの問題は、ある意味では本書の枠組みを超えるものでもある。執筆されなかった本書の第二部、とくに第三篇のアリストテレスの時間論の考察が、これらの第二と第三の目的を遂行するはずだったとみられるが、この判断とロゴスの問題、真理のありかの問題は、本書『存在と時間』の刊行の後にも、ハイデガーの主要な問題構成でありつづける。

たとえば一九二八年夏の講義『論理学の形而上学的な始元諸根拠』では、判断の問題について、判断における真理の問題について、さらに深い考察が展開されることになる。その意味ではこの第三三節は、真理論の考察のための準備という意味をもつものだった。基礎存在論を展開する本書では、この真理というテーマはそれほど重視されていないものの、ハイデガーの今後の哲学的な考察の中心的なテーマがここで提起されていることを見逃してはならないだろう。

解釈の三つの視点からみた言明の第一の意義——予持としての提示

このようにハイデガーの哲学にとって、判断でありロゴスである言明は重要な意味をもつ概念であるが、ハイデガーはこの語を、次の三つの視点から考察する。これらの視点は、すでに「として」の解釈の三つの視点として提起されてきた「予持、予視、予握」という三つの視点にほかならない。「言明は解釈一般と同じように、必然的に〈予持〉〈予視〉〈予握〉のうちに実存論的な土台をそなえている」(440)からであり、この三つの視点から言明の概念は展開されるのである。そしてこれらの視点は「たがいに連関しあっていて、その統一体のうちで、言明の完全な構造が描き出されている」(435)。

まず予持という視点からみると、言明は「提示」という働きをそなえている。提示とは、序論で考察された「アポファンシス（語り）としてのロゴスの根源的な意味」（436）が堅持されることである。これは「存在者をその存在者自身のほうから見えるようにする」（同）ことなのである。この提示という働きは、現存在に存在者と出会わせるという意味で、存在論的な重要性をそなえた言明の役割である。

ただしこの言明は、「ここに本がある」とか「この本はあの本よりも厚い」のように、ある対象をたんに提示する文として語られるものではない。現存在にとってすべての事物はまず手元存在者として登場するものであるために、その事物が現存在の生活にとってどのような意味をもっているかを示すものとしてその事物が提示されるのである。ハイデガーのあげた実例は、「このハンマーは重すぎる」（同）という言明である。この言明においては、たしかに事物としてのハンマーが提起されているが、それは重すぎて使いにくいものとして提示されるのであり、同時にもっと別の適切なハンマーが望ましいという意味をこめて語られるのである。ここで示された対象はハンマーであるが、それは「たんなる表象」（同）のようなものとして提示されたものではない。それはハンマー一般について語るものではないのであり、手元存在者として、何らかの欠陥のあるものとして提起されている。すなわちこの言明は「宙に浮いたもの」（440）としてではなく、「すでにつねに世界内存在という土台の上に維持されている」（同）ものとして語られるのである。その土台を示すものが「予持」の構造である。ハンマーは、現存在の世界内存在における手元存在者という性格のもとで、提示され、現存在の日常生活のうちの道具として「保持されている」（423）のである。ハイデガーの挙げた「このハンマーは重すぎる」（436）という言明では、このハンマーという表象について抽象的な言明が行われるのではなく、そのハンマーが手元存在者として現存在にとってどのような意味をもっているかを示すために言明されるのである。「このハンマーは重すぎる」と言明されたときに、そのハンマーについて、「ある存在者がその手元存在性のありかたにおいて露呈されている」（同）のである。そのハンマーはすでに、現存在の使う道具という枠組み連関のうちで提示されるのであり、それが「予持」の役割である。

言明の第二の意義——予視としての叙述

言明の第二の意義は、「叙述」ということである。「すなわちある〈主語〉にたいして、ある〈述語〉が〈言明される〉のである。主語は述語によって規定される」

（437）のである。この言明は命題として述べられる。第一の意味での言明は、現存在がみずからに向かって（あるいは他者に向かって）、自分が使いにくく感じているハンマーを主題として、主語として提示するという役割をはたしていた。現存在はあるハンマーが使いにくいと感じ、それを言明したのであるが、この言明ではまず、現存在の生きる道具連関のうちの一つの道具が提示されていた。そしてこの言明は同時に、それを一つの判断として、主語と述語の関係として規定している。「このハンマーは重すぎる」のであり、それは使いにくいものであることが、同時に語られている。

この判断として叙述する言明においては、主語として言明された対象であるハンマーという物体が提示され、次にその主語について、それが「重すぎる」ために「使いにくい」という述語が結びつけられる。この叙述としての言明は、第一の提示としての言明よりも、「内容的に狭められている」（同）ことは明らかだろう。第一の提示としての言明では、ハンマーという主語として、現存在が使う道具が、道具連関としての「土台」の上で、その「予持」のもとで提示された。次にこの第二の規定としての言明では、その提示されたハンマーについて、術語で規定することによって、一つの判断が明確に示される。そのハンマーは「重くて使いにくい」ものなのである。

ところでこの命題としての言明は、たんに客観的にあるハンマーの特性を述べるものではなく、現存在がそのハンマーを使うにあたって、そのハンマーという道具がどのような特性をそなえたものであるべきかということについての暗黙的な想定に基づいたものである。それは「これから言明しようとすることについて、すでに特定の方向が定められた〈眺めやり《ヒンブリックナーメ》〉」(440)を必要とするのである。ハンマーという「あらかじめ与えられている存在者が、それにたいして照準を合わせられている〈ところのその場所《ヴォラウフヒン》〉こそが、その規定を遂行する際に、規定するものとしての機能をはたす」(同)ことが必要なのである。その意味でこの命題はすでに「ところのその場所《ヴォラウフヒン》」を示す「予視」に基づいたものでなければならないのである。この命題としての言明には、その対象がそもそもどのような性格のものであるべきかという視点が、あらかじめ定められている必要があるのである。

またこの命題としての言明は、そこで真偽が問われる場ともなることに留意が必要だろう。言明は伝統的な哲学では判断であり、命題である。アリストテレスの指摘するように真偽が問題となるのは語においてではなく、命題においてである。

ハイデガーは後の一九三五／三六年の冬学期の講義において（この講義は一九六二

年に『物への問い』として刊行された)、言明とは語の結合であり、そこに真理が生まれる場所であると指摘している。ドアやチョークなどの個々の言葉は真でも偽でもない。真であったり偽であったりするのは「つねにただ語の結合だけである。すなわちドアは閉まっているとか、チョークは白い」のである[1]。「あれこれの言明が真理なのである」[2]。このように、言明は命題であることによって、真偽の場となるものであり、「真理は述語が主語に帰属し、帰属するものとして命題において定立され、述べられている」[3]のである。

言明の第三の意義——予握としての伝達

言明の第三の意義は「伝達」ということにある。言明は、この第三の意義において、第一の意義と第二の意義を結びつける。第一の意義として提示されたものを、第二の意義において命題とし、自己の印象から離れた客観的な認識として、他者にも〈ともに見えるようにする〉のであり、「その規定性において提示された存在者を、他者とともに分かち合う」(438)ようにするのである。

ハイデガーは『物への問い』では言明における命題と伝達の関係について、「言明は三重のものである。すなわちそれは命題であり、命題が情報を提供し、この情報がとりわけ他人にたいして差し向けられる場合に、伝達となる」(4)と表現している。このように伝達が行われるにあたっては、他者との間で認識を伝達し、それが理解されるために、何らかの客観的な概念装置がすでに共有されている必要がある。それが「予握」という概念で示されている。すべての言明には、「つねにある特定の概念装置」(440)が、予握として含まれているのである。

「として」構造の変様

言明にはこのように、解釈の「として」構造の理解の「地平」としての「予-構造」が、「予持、予視、予握」として実存論的に含まれているのであり、命題としての言明も、この構造から生まれるものである。しかしハイデガーは、言明はこの「解釈」の「として」構造から生まれるものではあるが、それは変様してしまっているので、解釈の「派生的な形態」となっていると考える。「派生的な」という言葉は、そのほんらいの根源的なありかたをしていないことを示す欠如態の概念である。

そのことをハイデガーの言葉から具体的に調べてみよう。ハイデガーは言明を「解釈の派生的な様態」(441)と指摘しながら、「言明において、解釈のどこが変様したのだろうか」(同)と問い掛ける。そしてその極端な例として論理学の命題を考察している。論理学の命題はたとえば「ハンマーは重い」という定立命題である。これは主語のハンマーにたいして、「重いものである」という質のカテゴリーを述語として結びつけたものである。

このように論理学の領域で考察される命題には、わたしたちが日常生活において語る言葉とは明確に異なるいくつかの重要な特徴がある。第一に、こうした命題は、生活世界からは分離されたものである。そのハンマーがどのような色をしているのかとか、どのような用途で使われるものかとか、取っ手は木製か金属製かとか、わたしたちがハンマーについて語るときにつねに同時に含まれている関連性がまったく殺《そ》ぎ落とされている。

第二に、それは一般性と普遍性をそなえた命題である。それはわたしたちが使う個々のハンマーに該当すると同時に、世界のうちのあらゆるハンマーについても該当するものとみなされている。ハンマーについて一般的かつ普遍的に語っているのである。

第三に、その命題は、現実のハンマーの存在とはかかわらない。そのハンマーが現実の世界のうちで存在するかどうかは、まったく問われていない。たんにハンマーという抽象的な概念にたいして、「重いものである」という概念が付加されているだけである。

このように論理学の命題は、生活世界で使われる言葉とはまったく異質な性格をそなえている。わたしたちは日常の生活において時と場合によっては、「ハンマーは重い」という言葉を語ることはあるだろうが、日常の言葉と論理学の命題に共通するのは、たんに同じ言葉が使われているということだけであって、その意味するところはきわめて異なるのである。

もしもわたしたちが現実の世界で「ハンマーは重い」と語ったとしても、わたしたちは論理学の空間で使われる言葉で語っているわけではない。この命題を論理学的に理解するならば、それはハンマーに重さという属性があるという「意味」を語っているにすぎない。しかしわたしたちは日常の生活で、そのような命題を語ることはないだろう。わたしたちが日常生活でこの言葉を語ったとするならば、「このハンマーは重すぎる」（同）という意味をこめるであろうし、「もっと別のハンマーを！」（同）と要求するか、あるいはむしろハンマーではなく、もっと軽くて使いやすい別のものを要求するために、この言葉を使うだろう。それはわたしたちがこのハンマーに向けるまなざしが、論理学的な領域で通用するまなざしではなく、日常の生活の中での〈目配り〉のまなざしであるからである。

そのときにわたしたちがしているのは、「理論的な言明の命題を語ることではなく、不適切な作業道具を〈目配り〉のまなざしで配慮的に気遣いながら、〈余計な言葉を語らずに〉その道具を脇に退けたり、［適切なものに］交換したりするということである」(441)のは明らかなのである。この違いはどのようにして発生するのだろうか。

わたしたちが〈目配り〉のまなざしでハンマーについて語るのではなく、論理学的な命題として語るとすれば、そのまなざしそのものに、そして解釈の「として」構造において、そしてそこで働いていた「予－構造」において、何らかの変動が発生しているに違いないのである。

「予－構造」の変動

このまなざしと解釈の「として」構造と、その「予－構造」を貫く変動は、同一のものであり、しかも同時に、ほぼ無意識的に働いている。このまなざしの変動を、わたしたちはほとんど瞬間的に遂行することができる。すでに考察されてきたように、このまなざしの変動の重要なきっかけとなるものが、それまで便利な道具として無意識的に使われてきた道具が、その機能のうちで何らかの欠陥を生じたために、それが手元存在者として適切に使えなくなることである。

ハンマーの取っ手が取れてしまったとしよう。その瞬間に、それはハンマーではなく、木の棒と鉄の塊になる。それまで「予持」構造のもとで、道具としてのハンマーとしてみられていたものが、木の棒と鉄の塊としてみられるようになる。道具であったものが、その素材に還元されたのである。このまなざしの変化は、対象を道具としてではなく、さまざまな素材から作られたものとして客観的にみるきっかけを与える。

こうして道具に欠陥が生じた場合には、わたしたちは道具として使える別のハンマーの必要性を感じる。そのハンマーは今ここに、手元に存在しない。そしてありうべきハンマーが心に思い浮かべられる。そしてわたしたちはそのありうべきハンマーについて、さまざまに考えることを求められる。もう少し軽いハンマーがいいだろうか。もう少し取っ手が短いハンマーがいいだろうか。取っ手が取れてしまわないように金属製の取っ手と一体式のハンマーがいいだろうか。

そのとき、それまで「さしあたり道具として手元的に存在していた」ハンマーについての言明が語られるようになる。「この存在者が言明の〈対象〉となると、言明命題が始まるとともに、〈予持〉のうちにある転換が先だって起こる」(442)のである。それまで手元にあったハンマーは、もはや世界における道具の適材適所性の連関である「〜のため《ウムツー》」の場から転落し、それとは別のありうべきハンマーがわたしたちの心の中に浮かび始める。そしてわたしたちがそれについて語り始めた途端に、そのありうべきハンマーは、これから手元存在者になるべき事物として思い浮かべられる。それは道具屋の店先にならんでいるハンマーとして、あるいは大工道具のカタログに写真が掲載されているハンマーとして、眼前的な存在者に変わるのである。そこでの「予視」は、こうした眼前的な存在者の一覧を思い浮かべるのである。それまでは「〈それでもって〉(ヴォミット)[作業に]かかわり、配置してきた手元的な存在者」(同)であったものが、今や「〈それについて〉(ヴォリューバー)提示しながら言明すべきものになってしまう」(同)のである。

　ここでまなざしが明確に転換しているのは明らかであろう。わたしたちがハンマーを道具として使っている時は、ハンマーは配慮する〈目配り〉のまなざしによって、世界の適材適所性のうちで、わたしたちの仕事に不可欠な道具としてみられていた。しかしハンマーに欠陥が生じるとともに、〈目配り〉のまなざしは、ただ「眺めやる」（ヒンゼーエン）まなざしに、「眺めやること」（ヒンジヒト）に変わってしまう。このまなざしは、ありうべきハンマーを、あるいは道具屋の店先やカタログの写真のうちに、物ほしげに探すまなざしである。このまなざしはかつては手元的な存在者であったハンマーを、もはや手元的な存在者として見ることはない。ただありうべきハンマーを眼前的な存在者として思い浮かべるだけであり、「眼前的な存在のありかたが露呈されることで、手元的な存在のありかたは隠蔽されてしまうのであり、このような露呈のもとで、そこで眼の前で出会う存在者が、それにふさわしい眼前的なありかたで規定される」（同）のである。

このような「予持」と「予視」の「予－構造」の変動と、〈目配り〉のまなざしから「眺めやるまなざし」への変動は、同時に解釈の「として」構造の変動を引き起こしている。ハンマーについての言明が始まると同時に、もはやハンマーは適材適所性の全体性から切り離されて、たんなる事物とみなされる。解釈の「として」は、適材適所性の「指示連関を分節する可能性をそなえているものだが、ここでは環境世界を構成する有意義性からは切り離されている」（442）。そして「たんに眼前的に存在するものの均質な平面に押し戻されている」（同）のであり、「眼前的に存在するものを〈ただ見えるだけのもの〉として規定する構造はまり込んでいる」（同）のである。この「として」は、〈目配り〉のまなざしによる「解釈の根源的な〈として〉」（同）ではなくなっており、「眼前性の規定の〈として〉へと平板化」（同）されているのである。それが「言明の特徴」（同）なのである。

ハイデガーによると言明による「として」は、この「解釈の根源的な〈として〉」から派生したものなのである。ハイデガーはこの「解釈の根源的な〈として〉」を、「〈目配り〉のまなざしで理解している解釈（ヘルメーネイア）にそなわる根源的な〈として〉」（443）と呼び、これを「実存論的で解釈学的な〈として〉」（同）と名づける。そして派生的な言明における「として」を、「言明の語り的な（アポファンシス的な）〈として〉」（同）と呼んで区別するのである。

「として」構造の変様についての哲学史的な考察

この派生態としての言明における「として」が、「アポファンシス的な〈として〉」

とギリシア語で呼ばれていることからも明らかなように、この「として」は古代のギリシア哲学以来の伝統を受け継いでいるのである。それはどのような伝統だろうか。

ハイデガーはプラトンの対話篇『ソフィスト』の解読で、言明としてのロゴスについて重要な指摘をしている。ロゴスは、「つねに〈何ものかについてのロゴス〉（ロゴス・ティノス）」(446)であるということである。

プラトンは『ソフィスト』において、ロゴスとしての言明が成立する条件を考察する。プラトンはまず言葉《オノマ》を動詞と名詞に分ける。そして「歩く」「走る」「眠る」などの動詞を語るだけではロゴス（命題）にならないこと、それと同じように「ライオン」「鹿」「馬」などの名詞を語るだけでもロゴス（命題）にならないことを指摘する。ロゴスがロゴスになるのは、名詞と動詞を結びつけたときだけである。たとえばソクラテスが対話の相手について「テアイテトスは座っている」と語るとき、それが命題としてのロゴスになる。名詞のテアイテトスが主語となり、動詞の「座る」が述語となるからである。

このようにロゴスはつねにある主語と述語の結びつきを必要としている。だからロゴスがロゴスとなるのは、それが「あるものや、生じつつあるものや、生じたものや、あるであろうものどもについて彼が表明している」[5]ときであり、「動詞を名詞に交錯させることによって、一つのことを完結せしめている」[6]ときである。すなわち「ロゴスはそれがロゴスである場合にはいつでも、何かあるもののロゴスであるのが必然である」[7]のである。

ハイデガーは、プラトンのこの洞察がその後の哲学の歴史においてほとんど生かされることなく、ただフッサールだけが「彼の志向性の概念によって、これを初めて発見した」[8]と強調している。というのも、ロゴスはつねに何かについてのロゴスであるということは、意識はつねに何かについての意識であるという現象学の志向性の概念によって再発見されているからである。

ハイデガーはこの「ロゴスは何かについてのロゴスである」というプラトンの発見は、人間が語ることによって、物と出会うという存在論的な意味をそなえていることだと指摘するのであるが、論理学の歴史はこうした存在論的な意味を考察することなく、「哲学の歴史、とくに近代と現代の論理学の歴史は、この洞察が、この些細な発見が、長いあいだ忘却されたか、もはや使われなくなったことを示しているのである」[9]。

このプラトンの洞察が示しているのは、「複数の言葉が集まって、一つの語として合成されるのは、ロゴスのうちであらわになっている存在者を〈眺めやる《ヒンブリック》〉ことによってである」（446）ということである。このまなざしが〈目配り〉のまなざしではなく、ただ「眺めやるまなざし」であることは、「眺めやる」（ヒンブリック）という言葉によっても明らかだろう。これが言明のまなざしであることは、すでに「言明は純粋に眺めやりながら《ヒンゼーエント》提示する」（442）と語られていることが示している。この純粋に眺めやるまなざしが、言明のまなざしとして、論理学で使われる文を作りだすのである。

アリストテレスにおける結合と分離

さらにアリストテレスはプラトンよりも一歩、考察を進めた。プラトンはすでに引用した「テアイテトスは座っている」という文と対比して「テアイテトスは飛んでいる」という文をあげて、片方が真であり、他方が偽であることを指摘していた。真であるロゴスは、テアイテトスについて「あることどもをあるがままに述べている」[10]一方で、偽であるロゴスは「あらぬことどもをあることとして述べている」[11]と指摘していた。

アリストテレスはこの真と偽の議論をうけつぎながら、真偽の議論をロゴスにおける「総合」と「分解」の営みとして関連づけた。アリストテレスはまず、文にはさまざまな種類のものがあることを指摘する。「神よ、わたしを助けたまえ」というのも文であり、「テアイテトスは飛んでいる」というのも文である。この文のうちで第一の実例は祈願の文であり、第二の文は命題の文である。何らかの意味のあるロゴスが、文と呼ばれるのである。「文はすべて意味をもつものであるが、しかしそれは道具として［自然によって］ではなく、むしろ先に述べられたように、約束によってである(12)」。ただし「命題的なのはすべての文ではなく、そこに真、あるいは偽を語ることが存する文だけである(13)」。

このように命題は真であるか、偽であるかを判定することができる文のことを意味する。そして「第一の基本的な命題文は肯定であり、第二は否定である(14)」ことを指摘する。文には肯定する文と否定する文があるのである。そのどちらも真偽を語ることができる。ところでこの真偽というものは、その命題における「結合」と「分離」によって決まる。ある命題が真であるか偽であるかは、「そう言われる当の物事について、この物事が結合されているか分離されているかに依存している」[15]というのである。

ここで真と偽の違いは、結合と分離の対比によって決まるものではなく、結合と分離の組み合わせによって決まるものであることに注意しよう。「偽と真とは結合と分離に関するもの」[16]なのである。この区別は少し分かりにくいので詳しく考えてみよう。正しく結合されているのが真で、間違って結合されているのが偽であると考えられるが、そこに分離が加わると、事態は簡単ではなくなるのである。

この結合という概念を考えるために、プラトンの動詞と名詞の実例を思い出そう。動詞それだけではロゴスにならず、ロゴスになるためには、動詞と名詞を「結合する」ことが必要だった。文は正しい文も間違った文も、結合によって生まれるのである。そこで「テアイテトスは座っている」は正しい結合であり、「テアイテトスは飛んでいる」は正しくない結合であるようにみえる。

しかしアリストテレスの考える結合は、主語と述語の結合の正しさという観点からみて、命題と事態とが一致しているかどうか（これが真理の定義である）あるいは一致していないかどうか（これが偽の定義である）について考察されているのではなく、分離との対比によって考察されている。アリストテレスは結合と分離の三つの場合を考える。第一は、あるものごとはつねに結合されていて、分離されていることがありえない場合である。「人間は言葉を使う動物である」という文において、「人間」という主語と「言葉を使う動物」という述語は、定義によってその主語のうちに述語がつねに結合して考えられている。これは真であるが、その真理は事態とかかわりなく、文で使われる語の定義によって決定されるものである。第二は、あるものごとはつねに分離されていて、結合されていることがありえない場合である。「人間は空を飛ぶ動物である」という文は、古代においては人間が空を飛ぶことはありえないことであるために、偽であり、「人間」という名詞と「空を飛ぶ」という動詞は、結合されることはありえず、つねに偽である。この偽もまた事態とかかわりなく、文で使われる語の定義によって決定されている。

第三の場合は、ある種の物事は結合されていることも、分離されていることもありうる場合である。「テアイテトスは座っている」という文では、主語である名詞と述語である動詞は、結合されていることも分離されていることもありうる。結合されている場合には、「テアイテトスは座っている」と言われる。分離されている場合には、「テアイテトスは座っているのではない」と言われる。この「テアイテトスは座っている」という命題は、その事態に応じて、テアイテトスが座っているときは真であり、座っていないで歩いているときには偽である。

この「テアイテトスは座っている」という文は、名詞である主語と動詞である述語を結合するが、それは同時に、「歩いている」とか「寝ている」とか「飛んでいる」とかいう動詞を分離する。この文からはこうした動詞が排除されているのである。その意味ではある述語を結合するということは、その他の述語を分離するということである。だからこそ、ハイデガーが指摘するように、「あらゆる言明は、それが肯定するものであろうと否定するものであろうと、真であろうと偽であろうと、等根源的に総合《シュンテシス》であり、かつまた分離《ディアイレシス》でもある。提示するということは「総合の働きとして」まとめることであるだけではなく、「分離の働きとして」別々に分けることでもある」（446）のである。

この結合と分離は、その文を事態と照らしあわせて真偽を判断する以前に行われているのである。だからこそ、結合する働きと分離する働きが「等根源的に」行われるのである。ある種の文は、真の命題あるいは偽の命題として語られ、判断される以前にすでに結合と分離をすませているのである。「偽と真とは、結合と分離に関するもの」ではあるが、結合と分離が文の真偽を決定するのではない。すでに考察した第一の文はつねに真であり、第二の文はつねに偽であるが、一般的な命題である第三の種類の文の真偽はあくまでも事態に応じて決定されるのであり、結合と分離によって決定されるのではないのである。

だからアリストテレスが真理を命題と事態の一致として定義したという通念は、間違っているのである。それはアリストテレスの考察の現象学的な局面を無視して、たんに命題における表象や概念の結合と分離だけを考察する分析的な局面だけが重視されたことから生まれた錯誤である。アリストテレスが「総合」と「分離」という概念で説明しようとしたのは、「あるものとしてのあるもの」(447)という現象を見えるようにするためである。そこにおいては「まとめられたものを解釈し、ながら分節するのであり、同時にばらばらに分離して考える」(同)という総合と分離のプロセスがつねに伴っているのであり、そこでは現象学的な「物との出会い」が考察されていたのである。

現代的な論理学への批判

ただしハイデガーは、このアリストテレスの結合と分離としての命題の現象学的な理論が、その後の伝統においてうけ継がれることはなかったことを指摘する。その後にうけ継がれたものはたんに正しい推論と誤った推論を区別し分類するアリストテレスの『分析論』の考察であり、「アリストテレスがロゴスの分析のために利用していた現象学的な端緒は崩壊してしまい、やがては外面的な〈判断論〉になってしまう。この〈判断論〉によると、判断とは表象や概念の総合ないし分離であるとされてしまう」（同）のである。これが現代にいたるまでの記号論理学の学問的な伝統であり、「判断は〈帰属〉の体系のうちに解消され、〈計算〉の対象とされるが、存在論的な解釈の主題とされることはない」（448）と言わざるをえないのである。

ハイデガーは一九二七年の講義『現象学の根本問題』では、ロゴスの結合の役割をはたす「繫辞《コプラ》」の問題をアリストテレス、トマス・アクィナス、ホッブズという伝統からこの問題を考察する。ただし本書ではこの繫辞《コプラ》の問題は、「まず総合の構造が自明なものとして考察の端緒に置かれていること、そしてこの総合の構造がさらに解釈において基準となる機能をはたしていること」（449）を示すものとして考察され、このテーマが未完の第一部の第三篇で考察されることを予告するにとどまっている。

重要なのは、古代のプラトンとアリストテレスにおいて切り拓かれた「現象学的な端緒」の問いが、その後の哲学の歴史においてはアリストテレスの論理学の伝統の継承とともに忘却されてしまったこと、その根本的な原因の一つが古代ギリシアの「存在論が誕生してきた土台である方法論的な基礎が、根源的なものではなかった」(450)ことにあるということである。古代ギリシアにおいてもロゴスはまず眼前性という存在様態の事物について考察されたのであり、これとは違う存在者の存在様態は考察されず、「それぞれのありかたの純粋で領域的な区別」(同)がなされることもなかったのである。

第三四節　現-存在と語り。言語

言語と語り

これまで、内存在の考察の前半部、すなわち「〈そこに現に《ダー》〉の実存論的な構成」の考察のうちで、情態性と理解ならびに解釈についての考察が行われてきた。この節で、現存在の〈そこに現に《ダー》〉の実存論的な構成の第三のカテゴリーである言語と語りのテーマが登場する。「言語の実存論的かつ存在論的な基礎は、語りである」(451)ことが明らかにされるのである。語りこそが、情態性と理解とならんで、現存在の世界内存在の第三の開示態であり、実存カテゴリーなのである。

実存カテゴリーとしての語り

語りは、情態性や理解と等根源的なものであるから、情態性のうちにも、理解のうちにも「語り」が含まれている。反対に語りのうちには情態性も理解も含まれていると考えるべきである。

まず語りが情態性と深い関係にあることから考えよう。情態性は、理解と等根源的なものとして、理解のうちにとどまり、「ある解釈の可能性に対応している」(同)ものである。現存在はこの解釈の可能性を言葉によって表現することでしか、理解することができない。自分の気分は何らかの言葉で表現しないかぎり、自分にも明確なものにはならない。たとえば不安であることと恐れていることは、類似した感情であり、現存在は自分のこうした気分を了解するためには、それを「なんとなく不安である」

とか、「怖い」などの言葉によって表現しなければならない。情態性は言語によって初めて、自己にとっても他者にとっても理解できるようなものになる。

また解釈の派生的な様態としての言明のうちで、すでに語りが含まれていることは明らかにされてきた。とくに他者への伝達は、この語りという機能に依存しているのである。さらに他者に伝達する以前に、すでに了解可能性は言語によって分節されていた。「解釈によって理解がわがものとされる前から、了解可能性はつねにすでに構造化された状態になっていた。語りが、この了解可能性を分節するのである。だから語りはすでに解釈や言明の基礎となっている」(452)のである。語りは理解と解釈を分節する基本的な役割をはたすのである。この分節可能性に基づいてハイデガーは、「意義の全体性」「意義」「意味」という概念を改めて定義し直すことになる。

語りと意味、意義、意義の全体性

すでに考察してきたように、あるものの「意義」は、それが適材適所性の関連のうちでどのような位置を占めるかによって決定され、有意義性も同じ文脈で使われていた。これにたいして「意味」の概念は、世界の適材適所性の文脈よりも、現存在が事物について了解したときに、「意味」が生まれると考えられてきた。どちらも現存在と世界のうちの事物との関係において世界内存在の観点から考察されていた。

これにたいしてここでは、「語り」の文脈において、現存在の実存の観点から、意味、意義、意義の全体性の概念が提起される。「意義の全体性」とは、「語りが分節することによって構造化したもの」（同）のことである。これは「言葉として語られる」（同）ものである。「意義」は、この意義の全体性を作りだすものであり、意義の全体性を構成する個別の要素である。「意義の全体は、言葉として語られる」（同）のであり、その「言葉において育ってくることで、その意義が生まれる」（同）ことになる。また「意味」については、「個々の意義は、分節可能なものが分節されたものであるから、つねに意味をそなえている」（同）と指摘されている。

有意義性と意義の全体性

この「意義の全体性」という概念を考えるには、すでに手元存在者で構成される世界が、「有意義性」（ベドイトザムカイト）として定義されていたことを思い出す必要がある。世界は手元的な存在者の適材適所性の全体として分節されているのである。

この「有意義性」と「意義の全体性」は、世界の側から見るか、実存の側から見るかという違いをのぞくと、ほぼ同じことを語っているのは明らかであろう。現存在はさまざまな事物に囲まれて暮らしているが、それらの事物はすべて適材適所性をそなえた道具であり、手元存在者である。

都市が街路と建物と公園で構成されているとすると、都市は世界を構造する事物としては、街路の有意義性と建物の有意義性と公園の有意義性のうちに分節され、これらの有意義性が現存在にとって、都市という全体の「意義の全体性」を構成しているのである。現存在は街路において、自分のいる都市の有意義性と意義の全体性を無意識のうちに把握することができる。街路は歩くという目的のための手段であり、建物はたとえば居住するという目的のための手段であり、公園は一休みするという目的のための手段である。これらのすべては目的と手段の連関のうちで、すなわち意義の全体性のうちで構成されているのである。

これらの意義の全体性を構成するのが個々の「意義」である。街路も建物も公園も意義をそなえており、それぞれの意義にたいして「言葉」が与えられている。街路という言葉、建物という言葉、公園という言葉は、都市の意義の全体性を構成する要素であるそれぞれの街路、建物、公園などのもつ意義を指し示すために使われている。

街路は都市のうちで歩くための手段としての意義をそなえている。しかしその意義だけではない。街路はさらに自動車の通行する場所としての意義をそなえているし、ときには駐車するための場所としての意義や、そこで待ち合わせをするスポットとしての意義をそなえている。待ち合わせをするために街路を使うとき、わたしたちは待ち合わせ場所としての街路の意義を分節しているのであり、駐車場所として街路を使うとき、わたしたちは駐車場所としての街路の意義を分節しているのである。

これにたいして「意味」とは、それぞれの意義にそなわった了解可能性の側面である。街路の意義は、個々の街路であり、そのさまざまな目的と手段の連関である。これらは街路にそなわる側面であり、たとえば建物が街路と同じ意義をもつことはない。建物には建物の意義が固有に存在しているのである。意義がこのように対象にそなわる目的と手段の連関であるとすると、意味は世界に生きる現存在がこうした意義に含まれる目的と手段の連関を「投企する」可能性を提供するものである。すでに意味については、「あるものの了解可能性がそこで保たれているもの」(427)と語られていた。

わたしたちは意味によって、街路や建物が都市においてどのような意義をそなえているかを理解することができる。わたしたちが都市の街路に立って、周囲の建物や公園を眺めるとき、わたしたちは都市という意義の全体性を構成する個々の意義としてのそれぞれの建物や公園を、そしてそれぞれの意義がそなえている多様な目的と手段の連関を、さまざまな形で利用することができることを知っているのである。

たとえば都市のうちの建物は、そこにさまざまな事務所が設置される場所であり、喫茶店や書店などの商店が店を開いている場所である。だからわたしたちは建物に設置されている旅行代理店の事務所で、次の旅行の予約をしようかとか、建物のうちにある喫茶店で一休みしようかとか、それとも建物のうちにある書店で書物を眺めようかとか、都市を構成する要素である意義として建物が提供しているさまざまな意義の分節に基づいて、自己のさまざまな行動を考えることができ、自己の可能な行動を「投企する」ことができる。都市を構造するさまざまな要素が、現存在の「投企」のためにどのような可能性を提供しているかを、現存在はその「意味」として把握するのである。

街路や公園の「意義」は、都市におけるその意義の全体性のうちで、どのような目的で存在しているかという観点から明らかになるが、その「意味」は、現存在がそれをどのような目的で利用するかという「投企」という観点から明らかにされるのである。

言葉と意義

このように言葉を世界という意義の全体性を構成する個々の意義とその適材適所性の連関と結びつけるハイデガーの理論は、ソシュールの言語学からみると素朴なものだろうが、いくつかの興味深い特徴が確認できる。ハイデガーの言語論の第一の特徴は、言葉というものが、現存在の投企という観点から眺められることによって、言葉が語彙の体系のうちで分節されて生まれるのではなく、生の現場から、すなわち現存在の生の投企のうちから生まれるものと考えられていることである。

ソシュールの言語の理論では、言語《ラング》という体系と、それを構成する語り《パロール》という活動が対比され、外的な言語の体系が、パロールの可能性を提供するとされている。言葉の可能性は、その体系における分節方式によって決定されるのである。ソシュールはたとえばある民族では犬に類似した動物を呼ぶ言葉として、「狼、野犬、犬」という言葉をもっているが、他の民族では「山犬、野犬、犬」という言葉をもっていることを指摘している。第一の言語では犬と明確に異なる狼という種を、それを野犬や犬と異なるものとして認識している。ところが、第二の言語では山の中で野生のままで家畜化されずに生きている犬としての山犬、それが家畜化された後の犬、この家畜化された犬がふたたび野生化した野犬という区別を採用しているのである。これらの語彙は、現実の動物の種の分布ではなく、人々の日常生活における分類の必要性から生まれたものである。「犬という語は、狼なる語が存在しない限り、狼をも指すであろう。このように、語は体系に依存している。孤立した記号というものはないのである[1]」ということになる。

　このような言語観からすると、その言語を使う人々が語る可能性は、言語によって外的に規定されていることになる。狼という語彙のない民族は、狼を山犬とか、野犬とか、犬の一種などとして呼ぶしかないのである。ある民族に狼という語があるかどうかは、恣意的に決定されているようにみえる。これは言語記号のうちにある「個々の辞項のもつ価値が、その体系内に共存する他の辞項との対立関係からのみ決定されるという恣意性[2]」である。この恣意性の観点からみると、言語《ラング》は外的な枠組みとして、話し手が語る語の分節された体系と、語りの可能性を提供するものとみなされる。

これにたいしてハイデガーのように語を意義と意味から考えるならば、人々が生活する環境の中でどのような対象の分節と現存在の投企の可能性をみいだすかによって言葉が生まれ、育ってくることになる。たしかに狼という語がない民族は狼という語を使うことはないだろう。ソシュールの理論では、この狼という語の存在と欠如は、その民族の言語体系の違いとして、固定的なものとみなされている。どうしてある民族の言語では狼という語があり、別の民族の言語ではこの語が欠如しているのかということには注意が向かわないのである。

ところがハイデガーの言語論では、それを現存在の投企の観点から説明することができる。狼という語をもつ民族は、犬とは異なる種の狼という語を作ることで、自分たちの狩猟の対象と生活の安全を考察する必要性を満たそうとしたのである。その民族では、狼という言葉が必要だったので、その言葉を育てたのである。それは「言葉において育ってくることで、その意義が生まれるのである。その反対に言葉という事物に、意義が与えられるのではない」(452)のである。

言葉の三種類の存在様式

ハイデガーの言語論の第二の特徴は、言葉というものがさまざまな存在様式をそなえていることに注目していることである。言葉はさまざまな事物と同じように、多様な存在様式のもとに存在することができる。わたしたちは言葉を使って、たがいに意志を伝達しあう。このとき、言葉は意志を伝達するための道具である。誰かに木材と釘とハンマーを手渡して、巣箱を作ってもらいたいという意志を、身振りで表明する代わりに、言葉でそれを表明することができる。言葉は手元存在者のように、道具として利用することができる。

また言葉は書物に印刷することができ、それを後の世代の人々に伝達することができる。この場合には言葉は「眼前的に存在する言葉という事物」(453)となっているのである。この事物としての言葉は、他者に意志を伝達するための道具であるよりは、歴史的に伝承されてきた一つの文化的な遺産となっているのである。

さらに言葉は、実存論的な働きを示すことがある。「語りが意義に応じてその開示性を分節してみせる存在者［現存在］は、被投され、〈世界〉に委ねられた世界内存在という存在様式をそなえている」(同)のであり、現存在は言葉を語ることで、自己の本来のありかたを選択し、実存することができる。ハイデガーは一九二七年の講義で言葉と実存の関係について、「言葉それ自身は決して、物のように目の前にあるものではない。言葉は辞書の中に記載された諸語の総体ではない。言葉は、現存在が存在するのと同じように存在する限りにおいて存在する。すなわち言葉は実存する、それは歴史的に存在する」(3)と語っている。

言葉と実存

ハイデガーの言語論の第三の特徴は、言葉と世界の有意義性の結びつき、そして言葉と実存の結びつきについての考察からも明らかなように、言語と現存在の生との密接な関係に注目していることである。ハイデガーは言葉というものが、現存在の生と密接に関係し、現存在の世界における生と、他者との共同存在のありかたに根ざすものだということを強調する。

これは言語を思想を伝達する手段のように考える伝統的な言語哲学を批判する視点でもある。この伝統的な考え方は、ロックやヒューム以来の近代哲学において主流となった考え方だった。ロックは「言葉は、すべての人が口にするとき、その人のもっている、その言葉で表現しようとした観念を表す[4]」と考えた。「言葉は直接には人々の観念の記号であり、それによって、人々が自分たちの想念を伝達し、自分自身の脳の内にもっている思想、想像を相互に表現しあう道具である[5]」と考えたわけである。

そして言葉という道具は、適切に使用されない場合には「誤用されるか、欠陥があるかのどちらか[6]」になるのである。観念を言葉という道具を使わずに直接に伝達することができれば、こうした「不完全さと誤用[7]」は避けられたかもしれないという。そうすると、人間が観念を直接に伝達することができれば、言語は必要のないものであることになる。

これにたいしてハイデガーは、言葉をこのように不完全で誤用されがちな道具として考えることはない。言葉を、二つの孤立した主体が、それぞれの考えを伝達しあうために使う手段のようなものとして考えることはないのである。共同に現存在する二人の主体は、言葉によって語りあうことで、共同の了解を実現し、自分たちが世界において共同に存在する現存在であることを再確認する。巣箱を作ってほしいと父親に頼む子供は、その言葉によって自己の願望を表現するだけではなく、世界と環境について自分が(おそらく)父親と同じ価値観を共有していること、野鳥は愛すべき存在であり、そのための巣箱を作ることは、自然を愛する気持ちを表現するものであることを、その言葉で、語っているのである。

ハイデガーはこのことを、「伝達は、意見や願望などの体験を、ある主観の内面から別の主観の内面へと運ぶようなことではない。共同現存在はその本質からして、共同的な情態性と共同の理解において、すでにあらわにされている。共同存在は語りにおいて〈明示的に〉分かちあわれるのである」(456)と説明している。巣箱を作ってほしいと頼む言葉によって、子供は野鳥を愛する感情と、野鳥を保護する価値観を父親と共有する。この言葉によって「共同的な情態性と共同存在の了解が〈分かちあわれる〉」(同)のである。

だから言葉が違うということは、たがいに世界のうちに共同存在する者どうしであるという了解の実現にとって大きな妨げとなるのである。飼われているオウムが人間の言葉を口移しで反復することができるようになったとしても、オウムは人間とともに共同存在することはできないだろう。世界がまったく異なるからである。言葉を話すということは、たんなる意志の伝達ではなく、他者との間で共同の了解を分かち合うということであり、自分が世界のうちに生きていることを再確認するための手段でもある。だからヴィトゲンシュタインのように「ライオンが話すことができるとしても、われわれにはライオンを理解することができないだろう(8)」と言うことができるのである。

言明と語りの違い

またハイデガーは、現代のイギリスの分析哲学で考察されているような言語行為論としての言葉の使い方についても検討している。すでに言明について、「配慮的な気遣いによる理解のうちにまだ完全に隠されている解釈」(444)としての未発展な段階から、「眼前的な存在者について語る理論的な言明」(同)という完全な段階にいたる「中間段階」として六種類の段階が指摘されていた。

これらの中間段階は、「環境世界において発生した出来事についての言明、手元に存在するものの描写、〈状況報告〉、〈実情〉の調査と記録、事態の記述、事故の報告」(同)であった。ハイデガーはこれらの言明はまだ理論的な言明にいたる以前のものであり、そこに眼前的な存在者への理論的なまなざしとは異なる種類の〈目配り〉のまなざしが働いていることを指摘していた。「これらの〈命題〉を理論的な言明の命題にひきもどすならば、必ずやそれぞれの意味に本質的な転倒が発生することになろう。これらの命題は〈目配り〉のまなざしによる解釈のうちにその〈源泉〉をもっているのであり、理論的な命題さえもそうなのである」（同）という。

この指摘は、理論的な言明のうちにすら含まれている〈目配り〉のまなざしのもつ世界内存在の存在様式が、それ以前の段階からすでに言明を特徴づけていることを重視するものである。ハイデガーは、事故の報告のように純粋に客観的な描写を目指す記述にすら、世界の有意義性についての配慮が影を落としていることを指摘しながら、「客観的な記述」とされたものが、真の意味で客観的なものかどうかを疑問視するのである。

ハイデガーは「言明とは、伝達しながら規定する提示であると定義」（440）していたが、言明はこれらの三つの機能、すなわちあるものを対象として提示し、それを主語と述語の関係において規定し、それを他者に伝達するという機能のそれぞれにおいて、世界内存在としての現存在が働かせる〈目配り〉のまなざしに応じて、ただひたすら事物を「眺めやるまなざし《ヒンジヒト》」（442）とのあいだに、さまざまな中間段階が存在することもまた示唆していたのである。

文の性格と言語行為

伝統的に文に表現される語りは、論理学の分野で使われる文のような言明として考えられることが多かった。「フランス王は髭を生やしている」のように、現実の事態に即して、その真偽が確定されるべき文が考察の対象となっていたのである。あるいは手元にある論理学の教科書では、次のような問題が掲載されている。「次の命題を述語論理学により記号化せよ。一、優秀な運動家はすべて運動神経が発達している。二、鯨は魚類ではない[9]」。こうした命題を組み合わせて、その真偽が明確に判断できるようにするのが論理学の仕事である。

しかし語りはすでに考察してきたように、世界内存在である現存在が、道具にたいしてもつ配慮や他者にたいする顧慮のもとで、共同現存在する他者に向けて語る言葉である。他者とともに存在する現存在は、語るときにはこうした「命題」を語ることは少ないのである。「鯨は魚類ではない」と語ることもあるかもしれないが、それはごく例外的な事例だろう。日常生活において多くの場合、現存在は他者にたいして理論的な命題を語るのではなく、相手に何かを約束し、何かを要請し、何かを警告するような言葉を語るのである。「この共同相互存在は、承諾することと拒絶すること、要請することと警告することとして、また討論や相談や他人のとりなしとして、さらに〈供述〉したり、〈演説〉したりするというありかたで、語りつつある」（455）のである。

これらの文は、命題としての文とは違う性格をそなえているのであり、語りは多くの場合、こうした性格の文として語られる。そのことは、わたしたちが日常の生活で、その日に何を語ってきたかを振り返ってみれば明らかだろう。朝食を取りながら「このパンは小麦で作られている」と語る人は少ないだろうし、窓から外を眺めて「今、雨が降っている」と語る人も少ないだろう。これらの命題は真偽が確定される命題として語られているが、わたしたちは日常の生活においてそうした真偽の確定される命題を語ることはほとんどない。「パン、少し焦げてる」とか「一雨きて、涼しいね」とか、語るのである。

ある語りが命題としてみえる文を語っていたとしても、その語りは、論理学の教科書に掲載されるような純粋な命題として語られることはないのである。外をみて「今、雨が降っている」と語ったならば、それは現実の事態の確認であるよりも、「雨が降っているから、傘をもっていってください」という警告や要請の文であったり、「今日予定していたハイキングは中止かな」という質問の文だったりするのである。

この文は、分析哲学の言語行為論で考察されるように、ある文を語ることによって、さまざまな行為を遂行しているのである。オースティンはこうした言語行為について、『言語と行為』で、発話行為、発話内行為、発話媒介行為を区別している。発話行為とは、「今、雨が降っている」と語る行為そのものである。発話内行為とは、「何かを言うという行為の遂行ではなく、何かを言いつつ行っている別の行為の遂行」[10]である。この例で言えば、「濡れないように傘をもっていってね」と要請する行為である。さらに発話媒介行為とは、その発話の結果として行われた行為である。「通常の場合、聞き手、話し手、またはそれ以外の人物の感情、思考、行為にたいして結果としての効果を生じる」[11]ことである。「傘をもっていってね」と言われた人が、相手の思いやりに感謝したり、「いちいちうるさいやつだ」と苛立ったりしたとすれば、それがその言葉のはたしている発話媒介行為ということになる。

語りの四つの構造契機

ハイデガーは「〜について」語る「語り」がもたらす働きについて、オースティンの言語行為論とは別に、四種類の「語り」の性格について考察している。これが、オースティンなどの言語行為論を先取りするような性格の分析となっていることは興味深い。

まず語りには、「語りが〈それについて《ヴォリューバー》〉語る事柄」（458）がある。「語りにはこの〈それについて《ヴォリューバー》〉という構造契機が必然的にそなわっている」（455）のである。これはすべての語りがある主題について語ることを目指したものであるということである。つまりは、言明の主語と述語の規定に該当するものと言えるだろう。語りは「語られたこと」（458）について語るのである。「今、雨が降っている」という文では、「雨」について、天気について語っているのである。これは「〈それについて《ヴォリューバー》〉語る事柄」（同）という構造契機である。

語りにはさらに「語られた内容」が含まれる。「今、雨が降っている」という文では、雨が降っているという事実が語られている。たしかに雨について語られているが、その語られたことは、雨が降っているという事実である。伝達されるのは、この雨が降っているという事実であり、これは「語られている事柄そのもの」(458)である。これが第二の構造契機である。

語りはたんにある事柄について、何かを語るだけではなく、語るという言語行為において、さらに別の要素を伝達する。そこで伝達されるのは、この主題としての「語られたこと」、「語られた内容」だけではない。雨が降る中をでかけるならば傘をさすか、タクシーを呼ぶか、ハイキングの予定があるのであれば、それを中止するかというとが、会話を交わされた人々の間で当然に暗黙のうちに了解され、合意されているはずである。「今、雨が降っている」という語りは、当然ながらこうした暗黙の合意に働きかけることで何らかのことを伝達するのである。

これが語りの第三の構造契機である「伝達」である。そして「このように存在論的に広義に捉えた伝達のうちで、理解しあう共同相互存在は分節され、構成される。こうした分節によって、共同的な情態性と共同存在の了解が〈分かちあわれる〉」(456)からである。この語りの働きは、オースティンの発話内行為と発話媒介行為に該当するだろう。この言葉は、戸外の天気の状態を指摘することによって、相手にある警告を与え(これが発話内行為である)、相手に特定の行動を取らせる(これが発話媒介行為である）からである。

ハイデガーはさらに語りの第四の構造契機として、発話した人物の内的な感情が相手に伝えられる「告知」という働きを考察する。「今、雨が降っている」と語った人は、その言葉によって、語った相手にたいして、健康を気遣う気持ちや、「ハイキングを中止するのが適切ではないか」という心遣いを同時に表現するのである。わたしたちが語る言葉の多くは、このように語る本人の心のありかたを表明するものであることが多い。

たとえば母親が子供にかける言葉は、その母親の心情のありかたをまざまざと示すものであることが多い。ハイデガーはこうした語りには、「みずから、を語りつくすという性格がある」（457）と指摘している。言葉は発話した人物の「そのつどの情態性（気分）の示すありかた」（同）を開示するのであり、「この情態性が、内存在の完全な開示性にかかわる」（同）ものなのである。語りにはこのように「情態的な内存在を告知するという働き」（同）があるのであり、そうした気分は、語り手の言語的な指標としての「抑揚、口調、語りのテンポ、〈語り口〉」（同）などと表現されることになる。

語りは「世界内存在の情態的な了解可能性を、意義に即して構造化すること」（458）であるから、つねにこうした四つの構造契機をかねそなえているのであり、言明の機能である提示、規定、伝達という働きとは違う形で、世界内存在としての現存在の実存論的な機能をはたしているのである。

哲学の言語研究への批判

ハイデガーは同時代の哲学の言語研究においては、語りのこうした存在論的で実存論的な機能が十分に考察されていないことを指摘する。ハイデガーは同時代の哲学はいずれも「これらの契機のいずれかに焦点を合わせながら、〈表現〉とか、〈象徴形式〉とか、〈言明〉としての伝達とか、体験の〈告知〉とか、生の〈形式化〉などの理念を導きの糸として、言語を捉えようとしてきた」（459）と批判する。

たとえばフッサールは言語の「表現」の概念を重視した。ハイデガーも強い影響をうけた『論理学研究』の第二部の第一研究は「表現と意味」というタイトルで、表現について考察しようとする。しかしフッサールが関心をもっていたのは、「純粋論理学の基本的な諸概念や諸法則に、純粋論理学の認識批判的理解に必要な明晰性と判明性を与える」[12]ことであり、純粋論理学の命題に含まれる多義性や曖昧さをなくすことだった。フッサールは表現における表象に焦点を合わせて、その「イデア的意味」を分析することを目指すのであり、世界内存在としての現存在の語りの意味を考察することにはまったく関心をもっていなかったのである。

またフッサールは体験を「告知する」ことと、体験の意味作用との違いに注目した。ある人が独り言を語っている場合には、その表現は他者に伝達されず、自己を話し相手とみなしているだけであるが、本来の表現は他者に伝達されるものである。「思想はただたんに意味によって表現されるばかりでなく、告知を通じて伝達されるものであるが、もちろんこのことは実際に話をし、聞くことによってのみ可能[13]」なのである。

あるいはカッシーラーは、人間の言語にそなわる「象徴形式」を重視する。カッシーラーは精神科学の方法的な基礎を研究することで、それらの精神科学が世界を「〈了解〉するさまざまな基本形式を相互に確定し、そのそれぞれをできるだけ明確にその固有の傾向と固有の精神的形式とにおいて捉える[14]」ことを目的とした。

そしてそのために、言語に限らず、「すでに意識の個々の契機や断片のうちに必然的に含まれているか、あるいは少なくとも素質としてそなえられている意識全体を表示[15]」する象徴の働きに注目する。象徴は、「言語や芸術や神話において意識が作りだす〈恣意的な記号〉[16]」であり、これこそが精神的な形式として、言語や芸術や神話の根源にあるものと考えられたのである。

ただしカッシーラーもまた、既成の神話や芸術作品などから、人間のこうしたシンボル形式の働きに遡ろうとするのであり、世界における人間の存在様式のうちで言語や芸術がどのようにして作られるかを考察するのではない。たとえば神話についての考察では、純粋理論的な認識と対比した神話的な思考の特性を調べることに重点が置かれるのである。ハイデガーの現存在の存在論とは、分析の方向が逆であると言うことができよう[17]。

これらの哲学的な言語研究は、世界内存在の表現としての言語活動を考察するには不十分なものであることは明らかであり、言語哲学の分野での『存在と時間』の視点はきわめて独特なものであると言うことができる。

ハイデガーはさらに哲学における言語研究だけでなく、言語学そのものについても考察している。そして文法学では語りの形式とさまざまな要素の根本構造を、ロゴスの「論理学」に求めており、その「論理学は、眼前的な存在者の存在論に依拠する」

(468) ものであるために、言明としての語りに重点をおくことになり、そのために「語りつつある内存在として、すでにみずからを語りによってあらわにしている」(同) 現存在のありかたを考察できないことが指摘されている。だから「文法学を論理学から解放することが求められている」(同) とハイデガーは結論する。

また意義論についてはハイデガーは原注で、フッサールの『論理学研究』第二巻第一研究と第四研究から第六研究までと、『イデーン』第一部の参照を求めている (第三四節の原注1)。フッサールは『論理学研究』の第四研究において、「意義の形式論」の考察の重要性を説いている。フッサールは前記のように、表現と記号が論理学においてはたす役割を考察する必要があることを指摘した上で、「論理学と文法学のどちらにも基本的な課題は、意義の領域をアプリオリに包括する機構を解明し、意義のすべての内容にかかわる特殊性を空白のままにしておく形式的な構造のアプリオリな体系を、意義の形式論において探求することにある」(18) と指摘している。フッサールは論理学と文法学にとっては、意義のアプリオリな形式的な構造をイデア的なものとして考察することが重要であることを強調していたのである。

このテーマはハイデガーにとっては初期の博士論文の頃から重要な課題とされてい

た。『ドゥンス・スコトゥスの範疇論と意義論』の主要なテーマは、スコトゥスの範疇論を考察しながら、そこに含まれているフッサール的な意味での「意義の形式論」について検討することにある。ハイデガーはこのフッサールの語る「意義の形式論」を、「〈意義一般〉の諸々の異なる範疇的形式化を明らかにし、意味と妥当に関する論理学的諸問題のさらなる取り扱いすべてに対して基礎を据える[19]」役割をはたすものと考えていたのである。その意味では、ここでのハイデガーの意義論の考察は、フッサールの「意義の形式論」の問題構成を引き継ぐものと言えるだろうが、それをイデア的な形式として考察するのではなく、現存在の日常性における実存のありかたとして考察しようとするのである。

語ることと聞くこと

ハイデガーはこの節でさらに、〈語り〉の一つの重要な要素として「聞くこと」をあげて、さまざまに考察している。「聞くこと」は、「見ること」との対比において、哲学的に重要なテーマである。すでに確認したように、古代からの哲学的な伝統では、プラトンの洞窟の比喩とアリストテレスにおける「観想的なまなざし」の重視によって、見ることが理解することの代名詞となるほどに重視されてきた。光の形而上学の伝統は西洋の哲学を支配してきたのである。

ただしヘーゲルにおいては理性《フェアヌンフト》における「聞き取ること《フェアネーメン》」の営みが重視されていた。ハイデガーもヘーゲルのこうした「聞くこと」の重視の理論を引き継いで、「聞き取ること」に重要な考察を捧げたのである。ハイデガーはまず「聞くこと」がすでに何かについて理解しながら聞く営みであることを強調する。その後で「聞き取ること」には二つの意味があることを指摘している。他者の語りを「聞いて理解する」という意味での「聞き取ること」と、自己のうちで語る良心の言葉に耳を傾けるという意味での「聞き取ること」である。この二つの営みは、きわめて異なる性格をそなえていることに注意しよう。

さしあたり聞くこと

この二つの「聞き取ること」を軸として、ハイデガーはこの節では「聞くこと」の意味を多重的に考察する。第一の考察のテーマとなるのは、世界内存在としての現存在の「聞くこと」であり、この「聞くこと」は理解する現存在のありかたと不可分であり、こうしたありかたを作りだすものである。現存在の了解可能性は、このような「聞くこと」を重要な軸としている。

世界内存在として存在する現存在は、すべての物音を耳にして、それが何であるかを、すでに理解しているものである。まず耳にある音が聞こえて、現存在がそれを「何の音であるか」と解釈し、判断するのではない。音は聞こえたときからすでに、生活の中の何かの音として聞こえるのであり、こうした音に囲まれていることで、現存在は世界における自己の位置を把握することができる。「わたしたちが〈さしあたり〉耳にするのは、たんなる騒音や音のざわめきではなく、車のきしむ音であり、オートバイの音なのである。わたしたちは行進中の縦隊の足音、北風、幹をつつくキツツキの音、ぱちぱちとはぜる火の音を聞くのである」(461)。

これは生きるために不可欠な「聞くこと」の営みである。雨の音を聞きながら人は、外出するときの傘の必要性やタクシーを呼ぶ必要性について考えるし、明日の天気についてもぼんやりと考える。ヒグラシの声が聞こえれば、もう夕方だと思い、ツクツクボウシの声を聞けば、もう夏も終わると思う。生きることは、周囲の物音を意識するともなしに聞くことであり、そこから夢の中とは違う日常の生の生々しさが生まれるのである。

それに反して、耳に聞こえてくる音を、たとえば自動車の走行音や蟬の声や遠くで遊んでいる子供の声として聞くのではなく、「純粋な騒音」(462)として聞くのは、きわめて困難なことである。ホワイトノイズのような耳鳴りが聞こえる人もいるが、そうしたノイズに耳を傾けることは困難であり、「すでにきわめて人為的で複雑な身構えが必要」(同)なのである。物音が純粋な騒音としてではなく、生活の中の音としてさしあたり聞こえるということは、「現存在は世界内存在として、そのつどすでに世界内部的な手元的な存在者のもとに身を置いているということ、そしてさしあたり決して〈感覚〉のもとにいるのではないことを示す現象的な証拠である」(同)だろう。

それを日常の生活音としてではなく、純粋な騒音として聞こうとするためには、人間の知覚についてきわめて偏った想定をする必要がある。それは「まず無定形な感覚的なものの集まりに形式を与え、次に跳躍するための〈板〉のようなものを主体に与えて、そこから主体が跳躍して〈世界〉に跳び込む」(同)ことを求めるようなものなのである。

他者の語りを聞くこと

こうした生活の音はすべての現存在が生活の中でごく自然に耳にしている音であるが、現存在はさらに共同現存在でもある。世界内存在として他者とともに共同現存在する現存在は、他者の言葉に耳を傾けるが、それは現存在が理解する存在であるためである。現存在は他者の言葉に耳を傾け、世界について、他者について、そして自己について理解する。この「聞く」営みは、とくに「語り」と密接に結びついている。他者が語るからこそ、現存在はその言葉に耳を傾けるからである。「言語的な発声が語りに基づいているように、音響的な知覚は聞くことに基づいているのである」(460)。

そして他者の語りに耳を傾けることは、「共同存在としてのある現存在が、他者にたいして実存論的に開かれている」(同)というありかたをしているということである。「共同存在はたがいに耳を傾けあうことにおいて育つ。こうした〈たがいに耳を傾けあうこと〉に可能なありかたとしてはつき従うことや、ともに進むことがあり、欠如的な様態としては、耳を傾けないこと、抵抗すること、頑固になること、離反することなどがある」(同)のである。

だから他者の言葉を聞き取ることができなかった場合にも、あるいは外国語のようにまったく知らない言語で語られた場合にも、わたしたちにはそれは「与えられた音の多様な集まり」(463)としてうけ取られるのではなく、ともかくも人間の言葉として、ただし「さしあたり理解できない言葉」(同)として聞こえるのである。

街路を歩いていて、通りすがりに聞こえる言葉が理解できないことはよくある。それが日本語なのかどうか、判断できずに、しばらく耳を傾けていて、やっと外国語だろうと判断できることも多い。そうしたときにも、わたしたちはそれを騒音としてでも、純粋な音の集まりとしてでもなく、「理解できない言葉」として把握しているのである。

このように、現存在は世界内存在としてつねに理解する存在、理解しようと努める存在であるために、周囲から聞こえてくる言葉にはつねに耳を傾ける。そのためときに、当人に向かって語られているわけではない言葉にも、「聞き耳を立てる」という姿勢が生まれることがある。これは「音響の感受や音声の知覚などよりも、実際に現象的にはさらに根源的なもの」(461)であって、よく聞こえず、よく理解できないことを、ことさらに理解しようとする営みである。

高齢になると耳が遠くなるが、それでも自分の悪口はよく聞こえるものだという。

聴覚器官に障害があってよく聞こえない人は、それだけに「おそらくはきわめてよく〈聞き耳を立てる〉ことができるだろう」(466)。この聞くことの欲求は「知りたい」という好奇心とともにきわめて強くなることがあり、「〈あちこち聞いて回るだけ〉」(同)のような行為が巧みな人もいる。ただしハイデガーはこれを「聞きながら理解することの欠如態」(同)とみなしている。これは「自己を喪失した〈聞くこと〉」(807)なのである。

自己に耳を傾けること

さらに第二の種類の「聞き取ること」として、自己のうちで語る良心の言葉に耳を傾けることが含まれる。これはすでに指摘したような「自己を喪失した〈聞くこと〉」をやめて、自分の良心の声を聞くことによって、もっとも固有な自己を取り戻すことである。あるいは「それぞれの現存在の心にそなわる友の声に耳を傾けることとして、現存在がみずからにもっとも固有な存在可能へ向かって第一義的に、しかも本来的に開かれていることを構成する」(460)営みである。

この良心の声は、「声にだして発話することのない」(815)声であり、それはある意味では沈黙である。「良心はたえずひたすら、沈黙という様態において語る」（同）のである。この観点からみると、語ることと聞くことにはさらに、沈黙することが重要な意味をもっていることが明らかになる。

沈黙することは、たんに語りの欠如態ではない。語ることが実存論的で存在論的な重要性をそなえているのと同じように、沈黙することにもまた実存論的で存在論的な重要性がそなわっている。これまで語ることについて、言明との違いや、聞くことの意味について考察されてきたが、ここで語ることと沈黙することの実存論的で存在論的な重要性について、まとめて考えてみよう。

語ることの働き

語ることには、いくつもの重要な働きがある。語ることは第一に、自己を表現することであり、現存在が世界内存在として実存するために不可欠な営みである。他者にたいして自己のアイデンティティを表明するためのほとんど唯一の手段は、語ることである。言葉はその人が実存する者としての自己を他者に告げるための手段である。「世界内存在の情態的な了解可能性は、語りとしてみずからについて話しだす」（452）

のであり、現存在が自己の感情や気分について語ることによって、現存在は自己を他者に露呈させるのである。「語りには同時に、みずからを語りつくすという性格がある」（457）のだった。

第二に、語ることは現存在が共同現存在として、共同相互存在として存在するために不可欠の手段である。他者にたいして自己の感情や思考を伝達することは、他者とともに世界を構築するために不可欠の営みである。「世界内存在はそのつど、配慮的な気遣いをする共同相互存在という特定のありかたのうちに保たれている」（455）のであり、言葉を語ることで、この共同相互存在としての現存在があらわにされる。

第三に、語ることは自己と直面して自己を語るための必須の手段である。「語りにはこのように情態的な内存在を告知するという働き」（457）があるのであり、これは他者に「実存論的な可能性を伝達する」（同）手段なのである。

沈黙することの働き

このように語りは、現存在が世界のうちで自己を認識し、世界で共同現存在として存在し、さらに自己の固有のありかたと向き合う実存の存在様態を作りだす重要な働きをするものである。このように語りは積極的な働きをするものであるが、その反面として、消極的な形をとる「語り」としての沈黙も、同じように重要な働きである。

第一に、自己を表現するという〈語り〉の働きと同じように、沈黙することもまた、自己を表現するための重要な手段である。語ることで自己を確認し、自己を提示する現存在は、沈黙することによってもまた自己を表現し、自己を他者に提示することができる。

第二に共同相互存在としての語りには、その否定的な様態として、多弁という様態がある。それは「多弁を弄することは理解されたものを隠蔽することであり、すでに理解されていたことに見掛けだけの明瞭さを与え、ありきたりの表現によって理解しがたさのうちにひきずりこむ」(467)ことである。この多弁という語りの否定的な働きを是正することができるのが、沈黙である。「たがいに語りあっていながらも沈黙している人は、語る言葉が尽きないような人よりも、さらに本来的に〈理解させる〉ことが、了解を深めることができるものである」(同)。また、すでに考察してきた「聞くこと」は、「沈黙すること」によって初めて可能になることに留意すべきだろう。相手の語ることに耳を傾けるためには、その人は沈黙し、自己の語りたいことを口にするのをみずから抑制しなければならないのである。

第三に実存としての語りの働きは、沈黙することにおいてもっとも顕著に示される。ハイデガーは、沈黙することができるためには、現存在に何か語るべきことがなければならないことを指摘する。そしてそのために「自分自身の本来的で豊かな開示性が身近にそなわっていなければならない。そのときに〈黙していること〉が何かをあらわにする」(467)のである。

沈黙することは、自己と向き合うことであり、自己の本来的で豊かな開示性を確認することである。「〈黙していること〉は、語ることの一つの様態であって、現存在の了解可能性をきわめて根源的に分節する」(同)のであり、沈黙すること、黙って相手の言葉に耳を傾けることは、「語りが実存の実存性を構成する機能をはたしていること」(454)を初めて完全に明確に示すことである。「沈黙することは、相互存在にある現存在を、そのもっとも固有な存在へと呼び起こし、連れ戻す[20]」ことである。

B〈そこに現に《ダー》〉の日常的な存在と現存在の頽落

公共性と頽落

これまで内存在の「〈そこに現に《ダー》〉の実存論的な構成」(372)として情態性、理解、語りを考察してきたが、これらは「世界内存在の開示性に含まれる実存論的な構造」(471)であった。これに注目することは、現存在の日常性の背後にある現存在の実存に注目することであり、ある意味ではその日常性から目を離すことでもある。現存在は日常性においては世人《ひと》として存在しているのであり、ハイデガーはこの世人《ひと》の開示性を公共性と呼ぶ。「公共性は、世人《ひと》に固有の開示性のこと」(同)なのである。

内存在そのものを解明し、考察するためには、これまで考察してきた情態性、理解、語りという実存論的な構造が、公共性において、世人《ひと》に固有の開示性として、どのような形で現れているかを考察することも重要である。世人《ひと》にもまた「それに特有な情態性や、特別な理解、語り、解釈のありかた」(同)がそなわっているはずだからである。

世界において日常的に世人《ひと》というありかたで存在している現存在の日常性の分析に

おいては、日常性における現存在の存在様態は「頽落」という言葉で呼ばれる。現存在の根本的な実存の存在様態である情態性、理解、語りは、どのような形で「頽落」しているのだろうか。

この頽落は、現存在の三つの実存論的な構造に対応する形で、これまでの記述を遡るようにして、まず語りから展開される。世人《ひと》の開示性として「世人《ひと》の語り、まなざし、解釈の日常的な存在様式」(473)が考察されるのである。

この世人《ひと》の分析で最初に考察されるのが「世間話」であるが、第三五節で考察される世間話が、現存在の「語り」が頽落した形態であるのは明らかだろう。次に「理解」の頽落した存在方式である「好奇心」が第三六節で考察されるが、これが現存在の「まなざし」のありかたから考察される。ハイデガーが理解の一つの派生態として示した「解釈」もここに含まれることになるだろう。最後に「情態性」の頽落した存在方式である「曖昧さ」が、第三七節で「解釈」という観点から考察されることになる。第五章の最後の第三八節では、これらの三つの頽落した存在方法を総括する形で頽落についてまとめて考察され、現存在の存在のありかたにおける本来性と非本来性という重要な区別が行われることになる。

頽落の概念

ここで考えておくべきことは、この頽落という概念には非常に大きな問題が含まれるということである。現存在は日常性のうちで生活している。それがそもそも世界内存在ということだった。ハイデガーは、そのことを「世界内存在は、日常的には世人《ひと》という存在様式で存在している」(471)と明言している。そして現存在の「日常性について存在論的に十分に解明したならば、現存在の根源的な存在様式があらわになるはずである」(472)と考えるのであり、それが頽落なのである。しかしこの規定からすると、頽落していることは、「現存在の根源的な存在様式」であって、これは世界内存在そのものであるということになる。

すると現存在の実存としての存在様態である情態性、理解、語りは、この日常性の分析では、その実存の存在様態の頽落した様態として考察されることになる。「頽落」という語から明らかなように、それは根源的なありかた、現存在の実存から失墜した状態である。現存在は世界内存在としては、頽落しているのが根源的な存在様式であるが、その状態では現存在は固有の自己を実存していないことになる。それでは頽落が現存在の根源的な存在様式であると考えるのは、適切なことなのだろうか。

あるいは、頽落は世界内存在としての現存在の根源的な存在様式であるかぎり、現存在はこの存在様式から「覚醒する」ことで本来的な実存に立ちもどることができると考えることができるかもしれない。世人《ひと》と実存との対立の構図において、世界内存在は根源的に世人《ひと》として公共性のうちに生き、現存在は実存において根源的に自己に覚醒すると考えるしかないのである。この構図はどこまで有効なのだろうか。この問いを念頭において、以下で、現存在の世人《ひと》への頽落の存在様態が、「世人《ひと》の語り、まなざし、解釈の日常的な存在様式」(473)という三つの観点から考察されることになる。

なお、ハイデガーが指摘しているように、この頽落の現象は一般的に社会学的なテーマとして考察されることが多いが、本書での分析は社会学的なものとしてではなく、「純粋に存在論的な意図」(同)で行われるものであり、「日常的な現存在の道徳主義的な批判とも、〈文化哲学的な〉野心とも、かけ離れたものである」(同)ことに留意しておきたい。とくに頽落という言葉は、本来性からの堕落という否定的な文脈で考察されがちであるために、道徳主義的な批判の臭いがまつわりつく。

それはハイデガーの世人《ひと》の考察における言葉の選び方によっても強く影響されてい

る。ハイデガーはこうした頽落のありかたを、否定的で嘲笑的な言葉で形容することが多く、そのために道徳主義的な批判としての傾向が感じられることが多い。それでもこの頽落の概念はそのような道徳論の観点からではなく、あくまでも実存論的で存在論的な見地から行われていることに注意しよう。

第三五節　世間話

世間話

まず世人《ひと》の日常的な存在様式として、「語り」がどのように頽落するかという問題が検討されることになる。実存論的な「語り」の現象は三つの重要な極によって考察されてきた。語ることとしての言明、他者の語りに耳を傾けることとしての聞き取り、他者の語りに耳を傾けながらも、それにたいする特殊な自己主張の形としての沈黙である。

これにたいして語りは頽落することによって、世間話《ゲレーデ》として現れる。すでに語りの否定的な形態として多弁が指摘されてきたが、世間話はたんなる多弁ではなく、語りが世人《ひと》の存在様態にいかに取り込まれているかをまざまざと示す重要な存在様態である。

ハイデガーはこの世間話の考察の最初において、「語り」における開示構造を再確認する。「語る」という営みにおいては、語る言葉のうちにすでに現存在が世界と他者と自己について了解し、解釈した内容が含まれている。そしてこの語りの構造に基づいて、世間話の構造が分析される。ここではこの頽落が発生するプロセスを追跡してみよう。

まず、語りにおける現存在の自己との「第一義的な存在連関」(477)が失われると、自己とのかかわりを喪失した「口伝えとか受け売り」(同)が行われることになる。言明は自己とのかかわりからではなく、「ひとがそう言うのだから、そうなのだ」(同)という形で行われる。この口伝えは、世間一般に流布している書物、新聞、雑誌などで語られている内容を、考えもせずにそのまま「読みかじり」で伝えるという形をとることもある。あるいは他者との対話のうちで教えられたことを、考えもせずにそのまま「聞きかじり」で伝えるということもある。

頽落した語り

このような「語り」が、日常性のうちで頽落した現存在の「語り」なのである。これはわたしたちにとっても馴染みのありかたである。わたしたちは、自分で考えたことではなく、他人から聞いたことをあたかも自分で考えたかのように思い込んで、語ることも多いからだ。それに世間話というのは、何を語るかよりも、黙りこくっていないで、天気の話のように、何か無害なことを「語っている」ということそのものが、大切なことなのだろう。

しかしハイデガーは、このような世間話は無害なことではなく、現存在の実存に大きな影響を及ぼすことを指摘する。「世間話になった語りは、世界内存在を構造化された了解のもとに開示するのではなく、むしろそれを閉鎖してしまい、世界内部的な存在者を覆い隠すのである」(479)。この世間話は、世界内存在を公共性のうちに閉じ込め、世界内存在が自己の実存に直面するのを妨げる役割をはたすのである。

しかし同時に、現存在は世界内存在としては、本来この頽落に完全に規定されているのである。「現存在はこのような日常的に解釈されたことのうちで育ってくるのであり、これから逃れることはない」(481)のである。そして現存在が新たに何かを理解するとしても、それはすでに人々によって作られたこうした解釈に基づいてであり、これはいわば現存在にとって、理解のための「地平」のようなものとなっている。「すべての真なる理解、解釈、伝達、新たな露呈、みずからの新たな獲得は、こうした解釈のうちで、そうした解釈に基づき、あるいはそれに抵抗して実現される。いつか現存在が、この解釈された内容に汚染されず、誘惑もされずに、〈世界〉自体という自由な土地を目の当たりにして、自分が出会うものをしっかりと見つめるようなことには、決してならない」(481)とされていることを忘れないようにしよう。

現存在がいつか本来的に実存するようになるとしても、それは現存在の世界内存在における頽落というこの「地平」から飛躍して外にでることによってではなく、その地平のうちですでにつねに頽落している自己と向き合うことによってなのである。

現存在はこの世間話のうちで頽落することによって、「世界内存在でありながらも、世界とも、共同現存在とも、内存在そのものとも、第一義的で根源的で真正な存在関連による結びつきをもてなくなっている」(482)のである。

しかし頽落しうるということもまた、実存する現存在だけに可能なことである。「このように〈根を失った〉存在でありうるのは、情態的に理解する語りによって構成された開示性をそなえた「現存在という」存在者だけであり、言い換えればこの存在論的な機構においてみずからの〈そこに現に《ダー》〉であり、〈世界内〉の存在である存在者だけである。この〈根を失った〉ありかたは、現存在の非存在をなすものであるどころか、現存在のもっとも日常的で、きわめて根強い〈実在性〉をなすものである」（同）ことを忘れてはならないのである。

第三六節　好奇心

好奇心

現存在の頽落の存在様式の分析の第二の視点は、実存の三つの根本的な存在様態のうちの二番目の「理解」の頽落した様態を、「まなざし」という視点から分析するものである。世界内存在は内存在の開示性として「まなざし」をそなえている。そもそもこのまなざしは、「存在者を真の意味でわがものとする営みであり、現存在はみずからに本質的な存在可能にしたがって、これらの存在者に向かうことができる」（484）という重要な役割をそなえているのであった。

ハイデガーはこのまなざしは、哲学にとっては根源的な意味をもつものであることを指摘する。それは何よりも、まなざしというものが対象を認識する営みにおいて不可欠なものだからである。人間が認識するのは、何よりもまず知覚によって、それも視覚によって対象を「見る」ことによってである。

ハイデガーはこのような「見る」ことの優位に基づいて、どんなものにでも好奇のまなざしを向けようとする現存在の日常的な傾向を、「好奇心」と呼ぶ。好奇心（ノイギーア）というドイツ語は、「新しい」（ノイ）という語に「渇望、貪欲」（ギーア）という語を組み合わせて作られたものであり、目新しいものを見たいと渇望することである。

この「見る欲望」は、たんに人間の認識の背景にあるだけでなく、哲学の端緒にあったものである。ハイデガーが指摘しているように、アリストテレスは哲学の端緒について、次のように述べていた。「すべての人間は、生まれつき、知ること（エイデナイ）を欲する。その証拠としては感官知覚［感覚］への愛好があげられる。というのは、感覚は、その効用をぬきにしても、すでに感覚することそれ自らのゆえに愛好されるものだからである。しかしことにそのうちでももっとも愛好されるのは、眼によるそれ［すなわち視覚］である」[1]。

ハイデガーは冒頭の一文を引用し、「知ること」を「見ること」と訳しているが、原文の「知ること」（エイデナイ）は「見ること」も意味するのである。哲学もまたこの「見ること」の欲望に基づいているのはたしかである。

ハイデガーはさらにこの「見ること」の欲望を、パルメニデスの存在と思考の同一性についての有名な一文で補強している。パルメニデスは「思惟することと、思惟がそのためにあるところのものとは同じである。なぜならば、思惟がそこにおいて表現を得るところのあるものがなければ、汝は思惟することをみいださないであろうから[2]」と書いているのである。

この思惟と存在の同一性のテーゼは、ハイデガーが指摘しているように、「見ること」と存在の同一性を意味する。思考する主体は視覚によって対象をそこにみいだし、それに基づいて思考するのであり、「〈見ること〉だけが存在を露呈させる」(485)のはたしかだからである。プラトン以降のギリシア哲学は、この「見ること」のうちに真理をみいだしたのであり、プラトンのイデアの概念とアリストテレスの形相（エイドス）の概念が、どちらも「見ること」（エイデナイ）から派生した語であることは、その証拠である。

さらにハイデガーは、「見ること」の優位について重要な考察を展開したアウグスティヌスの長い一文を引用する。この引用はアウグスティヌスが好奇心の危険性に注意を促した文に含まれるのであり、この章の冒頭は次のような文章で始められている。「なおこのほかに、これまで述べたものよりも複雑な危険を伴う誘惑がある。すなわちすべての感官と快楽に対する欲望とその満足に存し、それに奉仕してあなたから遠ざかるものが滅びるような肉の欲のほかに肉の欲と同じ身体の感覚によるものであるが、しかもなお肉において享楽をもとめるのではなく肉を通じて経験を得ようとするむなしい好奇の欲望が魂のうちにあって、認識とか学問とかいう美名のもとにかくれている」(3)。アウグスティヌスは〈眼の欲情〉を認識という美名のもとに働く「好奇の欲望」と考えたのである。

「見ること」と「遠さと近さ」の関係

人間の五感のうちで、手触りや味わいや匂いのように、皮膚や舌や鼻の神経と直接に接触する感覚がある一方で、聞くことや見ることは、ある距離を必要とする感覚である。見ることには、「遠さと近さ」の関係がそもそもそなわっている。まず世界内存在としての現存在は、手元的な存在者を適材適所性のうちにみいだしている。「手元的」という言葉が示しているように、これらの存在者は現存在の周囲に、手のとどくところ、まなざしがすぐにとどくところに存在している。これらの手元的な存在者は現存在の「近さ」において、初めて役立つものとなる。だから仕事において現存在は、手元的な存在者を配慮的な気遣いのもとで「近づける」（488）のである。

ところで現存在はつねに配慮的な気遣いのもとで仕事をしているわけではなく、仕事を中断したり、終えたりもする。そのとき「〈目配り〉のまなざしはそれによって解放される。〈目配り〉のまなざしはもはや仕事の世界にしばられていない」（同）。このまなざしは仕事に必要な手元的な存在者を離れて「距離を取る」（同）ことができるようになる。「身近にある手元的な存在者から離れて、遠くの見知らぬ世界に向かおうとする傾向がある」（同）のである。

ただしその遠くのものを遠くにおいて眺めるのではなく、「遠く離れたものをその〈外見〉だけで近づけようとして、そのためだけに遠くのものを求める」（同）のである。遠くのものは、手元的な存在者として手元に近づけられるのではなく、その外見において、「見え」において、現存在の好奇心のまなざしで、身近なものとされるのである。

この「遠さ」をその外見において近づけようとする営みは、現存在が日常生活からしばらく離れて、非日常の世界を経験したいという欲望と結びついたものであるとハイデガーは指摘する。たとえばわたしたちは長い休暇を取れれば、日常の仕事から離れて外国に旅行にいくことができると夢想するだろう。エジプトのピラミッドを見物したり、インカ帝国の遺跡を訪問したりしたいと願うだろう。こうした夢想はわたしたちに、遠い国にあるピラミッドやインカ帝国の遺産の外見だけを、身近なものとすることを許すのである。

こうした海外旅行によって「現存在は、世界内存在としての自分のありかたから、そして身近にある日常的な手元的な存在者にかかわる存在であることから、自由になろうとする」(488)のである。ただしそれは日常性から完全に離れることを意味するものではなく、ただしばらくの間、好奇心の促すままに、日常の生活を忘れることができるだけであり、休暇が終わると、わたしたちはまた日常の生活に戻るのである。

好奇心の三つの構造契機

ハイデガーは、このような好奇心の働きは三つの特徴で構成されると考えた。第一の特徴は「落ち着きのなさ」であり、配慮的な気遣いの世界において「自由」になった好奇心は、あらゆるものを見て、知ろうとする。それは「もっとも身近なもののもとにとどまらない固有な落ち着きのなさを特徴とする」（489）のである。

この落ち着きのない好奇心が求めるのは、「つねに新奇なもの」（同）であり、「つねに新たなもの」（同）である。この新たなものにおいて好奇心は、第二の特徴である「気晴らし」（同）をみいだそうとする。

この二つの特徴のもとで、第三の特徴が生まれる。それは所在のなさである。現存在は好奇心に駆られて、みずからの居場所での落ち着きを失い、新奇なものを求めながら、やがて自己を喪失する。現存在は好奇心のもとで、「たえまなく〈根を失って〉いる」（同）のである。

この好奇心の三つの特徴についての分析は、「気晴らし」についてのパスカルの分析を思い起こさせる。パスカルは、人間は誰もが、自己のありかたについて思いをいたすと、不安になり、不幸になるので、気晴らしを求めざるをえないと考えた。パスカルは、どんなに豊かな富をもった人でも、気晴らしになる激務をやめて引退してしまうと、自己の空虚さに直面せざるをえなくなるために不幸になると分析したうえで、次のように指摘している。「そこで財産に不足はなく、用をたしてくれる召使いに欠けることはなくても、みじめな見捨てられた状態におかれることはまぬかれない。なぜかといえば、だれもその人が自分を考えるのをさまたげてくれないからである[4]」。

ものを考える閑暇があるということは、本来の自己を喪失していることに直面せざるをえなくなるということである。そして自己を喪失しているという事実を忘却したいために、人々は気晴らしを求めるのである。「気晴らしは、世間の人々には、それがないと気がめいるほど、必要なものである。何かの事件が起こったり、起こるかもしれないと思案したり、また何も考えなかったり、悲しみの種がなくなったりすると、倦怠が自分勝手に本来それが根差している心の底から発生し、その毒素をもって精神を満たさずにはおかない[5]」のである。気晴らしは、みずからが「根を失っている」という事実を忘却しようとする試みであり、「根を失うこと」そのものでもある。

好奇心と世間話

この好奇心は、単独ではなく、すでに考察してきた世間話と協力しながら、現存在の頽落を深める。現存在の実存論的な存在様式である「語り」は世間話に頽落し、「すべての新しい問いやあらゆる対決が抑止」（480）されることになり、現存在は「閉鎖」（同）される。「閉鎖する世間話は、現存在の根を失った了解の存在様式である」（482）。現存在は世間話をすることで「根を失っている」のであるが、「世間話そのものが、不断に根を失っているというありかたで、実存論的に根を失っているという事態なのである」（同）。

また現存在が「みずからに本質的な存在可能にしたがって、これらの存在者に向かうことができる」（484）ためのまなざしは、そこにない新奇なものをどこかに落ち着きなく探し出そうとする好奇心へと頽落して、現存在は「根を失って」しまう。好奇心という存在様式において、「現存在は、たえまなく〈根を失って〉いるのである」（489）。

このように世間話と好奇心は、現存在が「根を失う」二つの存在様式であるが、これらはたがいに無関係なものではない。現存在は日常生活において、好奇心に駆られて、他人のゴシップや噂話などの世間話に熱中することで、みずからの実存から目を背け、その「根を失う」。また世間話は現存在にみずからとは無関係の事柄を語り伝えて、新たに好奇心を駆り立てる。このように世間話と好奇心は、たがいに無関係にあるものではなく、「一方のありかたが他方のありかたを引きつける」（490）のであり、どちらもパスカルのいう「気晴らし」のように、現存在に「生き生きした生活」（同）を送っているという幻想の保証を与えながら、現存在の「根を失っていること」というありかたをさらに深めるのである。このありかたから、現存在の第三の頽落の様態である「曖昧さ」が生まれることになる。

第三七節　曖昧さ

曖昧さとは

現存在の日常性における第三の頽落のありかたが、曖昧さである。この曖昧さは、すでに確認したように、「語り、理解、情態性」という三つの「日常的な存在様式」（473）のうちの「情態性」が頽落したありかたである。

この曖昧さは、「語り」から頽落した世間話と、「理解」から頽落した好奇心の二つの頽落の現象に働きかけて、その「根を失っている」ありかたをさらに強める。そもそも好奇心に駆られて現存在が熱中する世間話というものは、ふたしかなもの、うつろいやすいものである。曖昧さとは、「あらゆることは、いかにも真の意味で理解され、捉えられ、語られているようにみえるが、根本ではそうではないことがある。反対にすべてがそのようにはみえないが、根本ではそうであることもある」(492) ということである。

世人《ひと》は、これから何が起こるかを「予感し、かぎつけている」(同) のであり、他者が何を予感し、かぎつけているかも、予感し、かぎつけているのである。この予感し、かぎつけているありかたはしかし、真の意味での行動を妨げるものである。予感し、かぎつけていたことが実現されたとしても、「曖昧さはそのような場合にそなえて、実現された事柄にたいする人々の関心がすぐに失われるように、すでに配慮してしまっている」(493) からである。

世間話で噂されたこと、好奇心で知りたがったこと、それは実現されるかもしれないし、実現されないかもしれないという曖昧さをそなえている。実現されなければ、世間話と好奇心は次の話題とその可能性へと、現存在の心を誘うだろうし、実現されたとしても、それはすでに「予感し、かぎつけていたこと」として、人々の関心をすぐに失わせるだろう。すべての出来事は、その本来の価値を否定され、みかけだけの曖昧さのうちに、忘却されてしまうのである。

このようにして出来事というものの価値が曖昧さによって否定されることは、現存在が自己の存在可能に真剣に直面することを妨げる。曖昧さは、「すでに存在可能としての理解のうちに、現存在のさまざまな可能性を投企し、あらかじめ与えておくやりかたのうちにも根づいて」(492)いて、「その可能性のもつ力をすでに窒息させて」(同)しまうのである。そして「真の意味で新たに創造されたものが登場するときには、公共性にとってすでに陳腐なものになっているように取り計らう」(494)ことで、創造的なものからその力を奪い取るのである。

曖昧さはこのようにして、現存在の自己の内部において、自己に固有の実存を実現する可能性をあらかじめ取り除いておくのである。〈世間話〉が世界において発生するさまざまな出来事について現存在を誘惑し、〈好奇心〉がさまざまな物事にたいする現存在の関心をひくとすると、〈曖昧さ〉はこうした誘惑や関心にひかれて、現存在が自己と自己の存在可能と直面することを妨げるという役割をはたすのである。

第三八節　頽落と被投性

頽落と非本来性

ハイデガーはこのように現存在の日常性の根本的な存在構造として、「語り、理解、情態性」の存在様態が、いかにして「世間話、好奇心、曖昧さ」のうちに頽落するかを分析してきた。この頽落という概念について、この節でさらに詳細に検討されることになる。

第一に頽落は非本来性とは異なる概念である。すでに第九節で考察されてきたように、非本来性と本来性は、現存在が〈自己〉であるかどうかによって規定されていた。本来性（アイゲントリヒカイト）とは、現存在がみずからに固有なもの（アイゲン）であるありかたを示していた。現存在が頽落して、「みずからを喪失してしまったり、まだみずからを獲得していなかったりすることができるのは、現存在がその本質からして、本来的なものになりうるものだからであり、みずからに固有なものであるから」(129)であった。

これにたいして非本来性とは、現存在がこの「みずからに固有なもの」を忘却していることである。この自己の忘却は、「忙しくしているとか、活気に満ちているとか、何かに関心をもっているとか、何かを楽しむことができるなど、きわめて充実した具体性において存在している」(同)ことでもありうるのである。非本来的なありかたとは、充実した活動のうちで自己の可能性を忘却していることでもありうる。

現存在が世界に頽落しているとき、「現存在は本来的な自己の存在可能としての自己から、さしあたりつねにすでに脱落して」(501)いるのである。その意味では非本来性の概念は頽落の概念とごく近いものである。「非本来性が頽落の解釈によってさらに鋭く規定される」(同)とハイデガーが語るとおりである。ハイデガーは、非本来的な存在様態がどのような存在構造をそなえているかを考察するために、頽落の概念を提起したのである。

ただしこの頽落は、世間話、好奇心、曖昧さという三つの構造契機によって展開されてきたが、これらのありかたは、「世界内存在の開示性を特徴づける性格」(500)を示すものであり、「これらの性格は、現存在にそなわる実存論的な規定性」(同)を示すものであるから、非本来性のように、たんに非という概念で否定的に考察されるべきものではない。

頽落は、非本来性のように消極的で否定的な規定ではなく、現存在が世界のうちでごくふつうに存在している存在様態を積極的かつ肯定的に考察する概念なのである。「〈おのれ自身として存在しないこと〉は、存在者の積極的な可能性として働くのであり、その存在者は本質からして、配慮的な気遣いにおいて世界のうちに没頭しているのである。この非としての存在は、現存在のもっとも身近な存在様式として捉えるべきであり、現存在はたいていは、このようにして存在しているのである」(501)。

頽落と自己の喪失

逆に言えば、現存在の本来的な実存について、存在論的に考察することができるのも、現存在が日常性において頽落していることによってである。それは次の三つの意味においてである。第一に、頽落は現存在が「日常性において自己を喪失している」(515)状態であって、頽落において現存在はまだ自己として存在しつづけているのであって、「自己から離れて〈生きている〉」(515)と考えることはできないからである。

このような考え方は、「現存在を孤立した自我‐主観であると想定する場合、そして現存在は〈点〉のような自己であり、現存在はこの〈点〉から離れてゆくと想定する場合」（同）に初めて成立するものである。これは現存在が「存在論的には、世界内部的な存在者のありかたで、眼前的に存在している」（同）とみなすことを意味するものである。しかし現存在はこうした存在者ではなく、つねに実存する存在者である。そして「頽落という内存在の存在様式こそが、むしろ現存在の実存性を証拠だてるもっとも基本的な証明である」（同）。現存在は眼前的に存在するのではなく、実存する存在者であるがゆえに頽落するのである。頽落は現存在の実存性をその裏側から照らしだす。そもそも現存在の「本来的な実存とは、頽落した日常性の上部に宙に浮いているようなものではなく、実存論的には、この日常性がたんに変様されて捉えられたもの」（同）と考えるべきだからである。

頽落と原罪

第二にこの頽落は、宗教的な「堕落」の概念とは異なるものである。だから宗教的にこの状態を「原罪」のようなものとして、エデンの園におけるアダムの存在のような「根源的な状態」(502)から転落したものと考えるべきではない。わたしたちは存在者として、こうした根源的な状態をそもそも経験したことがないし、そのような状態は「存在論的にも解釈することはできないし、そのための導きの糸もない」(同)からである。

このことをハイデガーは「わたしたちはこの概念によって、人間が〈罪にまみれて〉腐敗の境地《スタトゥス・コルプティオニス》のうちにあるのか、それとも無辜の境地《スタトゥス・インテグリタティス》に向かっているのか、あるいはその中間の恩寵の境地《スタトゥス・グラティアエ》にあるのかを、存在者的に決定しようとしているわけではない」(517)と言い換えている。

頽落と道徳性

第三にこの頽落は、道徳的に「劣悪で嘆かわしい存在者的な特性であると考え、人類の文化が進歩した段階に到達すれば、これを是正することができるなどと」(504)考えてもならない。頽落とは、道徳性の「進歩」によって解消できるような欠陥ではなく、現存在の日常性のありかたそのものなのである。

「頽落があらわにするのは、現存在そのものに本質的にそなわる存在論的な構造である。この構造は現存在のいわば〈夜の側面〉を規定するものではなく、現存在をその日常性において、現存在の〈真昼の〉ありかたのすべてを構成する」（516）ものなのである。

頽落の動性

このように頽落は「現存在の根本的な機構について、実存論的に十分に規定」（507）するものである。ハイデガーはこの頽落の存在様態をさらに解明するために、その実際のうごきや働きを「動性」という観点から検討しようとする。

ここで頽落の構造とその動性の違いを検討してみる必要があるだろう。頽落は、現存在の日常性の構造契機に応じて、語り、理解、情態性という三つの極から、世間話、好奇心、曖昧さという三つの形態において分析されてきた。頽落は非本来性の構造の「実存論的」（同）な機構の分析として提示されたが、それをさらに動的な分析として提示するのが、この第三八節の目的である。ハイデガーはこうした頽落の動的なありかたを「転落」と呼ぶ。

この頽落と転落という二つの用語をここで少し検討してみよう。頽落（フェアファレン）は、同じ形の動詞を名詞として使った言葉である。この動詞は、フェアという前綴りと、「落ちる」という意味の動詞ファレンで作られている。このフェアという前綴りにはさまざまな意味があるが、ここでは「歪曲、失策、逆の行為を意味する」(1)ものと考えられる。ある正しい状態から、すなわち現存在の本来的に実存するありかたから、何らかの失策や歪曲が発生して落下した状態である。ただしこの失策や歪曲は世界内存在にとって本来的なものであり、たんなる欠陥としての失策や歪曲ではないことは、すでに確認してきたとおりである。

これにたいして転落（アプシュテュルツ）という語は、アプという前綴りと「転ぶ」という意味の動詞シュテュルツェンから作られた語である。アプという前綴りは、場所的な上から下への落下を示すものと考えることができる。何らかの理由で本来の場所から、それよりも低い場所に「転落」したのである。

それでは現存在にとって、その本来の場所とは、「上」とは何を意味しているのだろうか。それは第411段落で明確に規定されていた。ここでハイデガーは現存在の二つのありかたを明確に対比している。第一のありかたは、「理解が第一義的には

〈そのための目的《ヴォルムヴィレン》〉のうちにみずからを投げいれ、現存在が現存在そのものとして実存している」(411) 場合であり、この場合には理解は「本来的なものとして、おのれに固有の自己《ゼルプスト》そのものから現れている」(同) のである。

第二のありかたは、「理解が第一義的に世界の開示性のうちにあることが、、、できるのであり、現存在がさしあたりたいていは、自分の世界のほうからみずからを理解しうる」(同) 場合であり、この場合には理解は「非本来的な理解」(同) となっているのである。

この現存在が〈そのための目的《ヴォルムヴィレン》〉のうちにあるありかたが、本来的な実存のありかたである。それから「転落」した現存在は実存する自己からではなく、「世界のほうからみずからを理解する」非本来的な理解のありかたのうちに頽落しているのである。この実存の本来性から頽落の非本来性への「転落」を、ハイデガーは「動性」という概念で考察しようとするのである。

頽落の四つの動性

ハイデガーはこの第三八節で、動性を四つの特徴によって分析している。ハイデガーが提起する第一の動性は「誘惑」(508)である。現存在のうちには、すでにみずから頽落しようとする傾向が存在しているとされる。「現存在そのものが、世間話と公共的な解釈というありかたで、世人《ひと》のうちで自己を喪失し、土台を喪失して頽落する可能性を、あらかじめみずからに与えている」(同)のである。これが「不断の誘惑」(同)であり、「現存在は頽落する不断の誘惑をみずから準備している」(同)のである。

この誘惑についてハイデガーは一九二一年の講義では、それが倫理的な意味や宗教的な意味において、外から近づいてきて誘惑するのではなく、「誘惑的傾向をもつものが、生それ自身の事実的なもののうちにひそみ、かつこのような現存在において、事実性をまさに構成している[2]」ことを強調している。

第二の動性は「安らぎ」(509)である。現存在はみずから頽落すべく自己を誘惑するのであるが、その誘惑によって導かれた頽落のありかたのうちに、現存在は安らいでとどまるのである。「世人《ひと》は、充実した真正の〈人生〉を育み、送っていると思い込んでいるために、現存在のうちにある安らぎをもたらす」(同)のである。

第三の動性は「疎外」(510)である。現存在が手にいれる「安らぎ」は、現存在の活動を停止させるものではなく、他なる文化、自己とは異質な文化を理解することで、自己についての理解を深めることができると思い違いをすることで生まれるものでもある。「多方面にわたる好奇心と、落ち着きなく何でも知ろうとすることが、現存在についての普遍的な了解が可能になるという思い違いをもたらす」（510）のである。しかしこの好奇心は、「存在可能をただも
っとも固有な現存在において解放しなければならないこと」（同）を理解していない。そのために「現存在は疎外へと追いやられ、もっとも固有な自己の存在可能は隠蔽されてしまう」（同）ことになる。逆説的なことに、安らぎが疎外をもたらすのである。このように、これまでの三つの動性をまとめると、「頽落しつつある世界内存在は、誘惑し、安らぎをもたらすと同時に疎外するものである」（同）と要約することができる。

第四の動性は「自己への囚われ（拘泥）」（512）である。現存在は疎外へと追いやられるが、「この疎外によって現存在は、行き過ぎた〈自己分析〉を重視するという存在様式のうちに駆り立てられる」（511）という。ハイデガーはこれについてはユング的な心理学の批判を暗示している。きわめて広範な「性格学」や「類型学」が展開されるが、これは真の自己へと向かうものではなく、「現存在をみずからに可能な存在

様式である非本来性へと追い込む」（同）ものであるという。

渦巻き

ハイデガーは一九二五年の講義『時間概念の歴史への序説』では、この頽落の動性を「誘惑、安心、疎外[3]」という三つのカテゴリーに分類し、それらをまとめて「巻き込まれている[4]」状態をあげている。『存在と時間』では、現存在が本来性から引き離されて世人《ひと》へと引き込まれる頽落の動性を、この「巻き込み」と似た「渦巻き」という概念で呼んでいる。現存在は頽落のうちで世界へと転落しながら、「その転落の動態によって、現存在の理解は本来的な可能性を投企することから不断に引き離され、すべてを所有し、すべてを実現できるという気楽な思い込みのうちに引きずり込まれる」（513）のである。

『時間概念の歴史への序説』ではこの事態は、「誘惑、安心、疎外というような頽落の動性のもつ現象的な性格は、本質的に世界に引き渡されている現存在が自分の配慮に巻き込まれていることを判明にしている[5]」と指摘しているのである。

頽落と実存

この「動性」は、現存在にとってもっとも固有の本来的な自己の存在可能から、世界への「転落」という運動を示すものである。世界のうちで現存在は有意義性と道具の適材適所性にたいする配慮や、他者への顧慮のうちに「巻き込まれ」、身動きできなくなっている。この動性の考察は、二つのことを明確に示そうとしている。第一は、現存在の世界内存在としてのありかたは、現存在にとって本質的なものであるが（現存在は内存在を本質とするものであるから）、しかしそれは本来的なありかたからは「転落した」ものであるということである。現存在は世界内存在として存在することをその本質とするが、それは現存在にとっての本来的なありかたではなく、世界のうちに生きる世界内存在のありかたは、本来的なありかたから「落下」してきたありかただということになる。

第二は、現存在の本質はそのように世界内存在として存在することであるが、その本質にはつねに落下という運動性が刻印されているということである。この動性は、現存在の転落した存在という負の刻印を明確に示すとともに、それは現存在にとって本質的な規定ではなく、現存在はつねに本来的な存在可能に立ち返ることができることを示しているのである。この本来性への復帰と回復の可能性が、本書においてこれから重要な意味をもつことになるだろう。

解説注

なおこの分冊の解説を書くにあたっては、ジャン・グレーシュ『「存在と時間」講義』（杉村靖彦ほか訳、法政大学出版局）とヘルマンの注釈書の第三分冊 Friedrich-Wilhelm von Herrmann, "*Hermeneutische Phänomenologie des Daseins, Ein Kommentar zu 'Sein und Zeit'* III", Vittorio Klostermann（以下でヘルマンの注釈書と呼ぶ）をとくに参照している。

第二八節

（1）ハイデガー『「ヒューマニズム」について』邦訳は渡邊二郎訳、ちくま学芸文庫、五六ページ。

（2）同、五七ページ。

（3）同。

第二九節

（1）ハイデガー『形而上学の根本諸概念』。邦訳は『ハイデッガー全集』第二九／三〇巻、創文社、一一〇ページ。

（2）エマニュエル・レヴィナス『実存から実存者へ』西谷修訳、朝日出版社、一〇〇ページ。

（3）カント『純粋理性批判』段落40。邦訳は中山元訳、光文社古典新訳文庫、第一分冊、七七～七八ページ。

（4）同、邦訳は同、七八ページ。

（5）同、段落66。邦訳は同、一一一ページ。

（6）同、段落928n。邦訳は第七分冊、一七〇ページ。

（7）ヘルマンの注釈書の三一ページを参照さ

れたい。
(8) ハイデガー『形而上学の根本諸概念』。邦訳は前掲書、一〇七ページ。
(9) カント『人間学』第七節。邦訳は『カント全集』第一四巻、理想社、五一ページ。
(10) 同。
(11) ハイデガー『形而上学の根本概念』。邦訳は前掲書、一一二ページ。
(12) 同。
(13) 同。
(14) 同。邦訳は同、三〇四ページ。
(15) 同。邦訳は同、四〇六ページ。
(16) 同。邦訳は同、四三二ページ。
(17) 同。邦訳は同、四〇六ページ。
(18) 同。邦訳は同、四三二ページ。
(19) アリストテレス『形而上学』第一巻第二章。邦訳は『アリストテレス全集』(旧版)第一二巻、出隆訳、岩波書店、一〇ページ。
(20) パスカル『パンセ』二七八。邦訳は由木康訳、白水社、一二〇ページ。
(21) 同、二七七。邦訳は同、一一九〜一二〇ページ。
(22) シェーラー『倫理学における形式主義と実質的価値倫理学』第二部第五章。邦訳は『シェーラー著作集』第二巻、白水社、一六〇ページ。
(23) 同、邦訳は同、一五九ページ。
(24) 同。
(25) 同、邦訳は同、一六四ページ。
(26) 同。邦訳は同、一六七ページ。
(27) 同。邦訳は同、一七一ページ。

第三〇節

（1）アリストテレス『弁論術』第二巻第五章。邦訳は『アリストテレス全集』（旧版）第一六巻、山本光雄訳、岩波書店、一一六ページ。
（2）同。
（3）ハイデガー『アリストテレス哲学の根本概念』。邦訳は『ハイデッガー全集』第一八巻、創文社、二二五〇ページ。
（4）アリストテレス『弁論術』第二巻第五章。邦訳は前掲書、一一六ページ。
（5）同。邦訳は同、一一七ページ。
（6）同。邦訳は同、一一八ページ。
（7）同。邦訳は同、一一九ページ。
（8）同。
（9）同。
（10）同。
（11）シェイクスピア『マクベス』第一幕第三場。邦訳は安西徹雄訳、光文社古典新訳文庫、二〇ページ。
（12）同。邦訳は同、二四ページ。
（13）同、第三幕第四場。邦訳は同、九八〜九九ページ。

第三一節

（1）ディルタイ『歴史的理性批判』。邦訳は『ディルタイ著作集』第四巻、創元社、六七ページ。
（2）カント『純粋理性批判』序文段落V08。邦訳は前掲書、一五一ページ。
（3）ハイデガー『現象学の根本問題』。邦訳は木田元訳、作品社、五一〇ページ。
（4）同、五一一ページ。

（5）細川亮一『意味・真理・場所』創文社、一三八ページ。
（6）フッサール『イデーン』Ⅰ‐Ⅱ第六六節。邦訳は渡辺二郎訳、みすず書房、一三ページ。
（7）同、第八八節。邦訳は同、一〇六ページ。
（8）同。邦訳は同、一〇七ページ。

第三二節

（1）ハイデガー『プラトンのソフィステース』第四二節。ヴィットリオ・クロスターマン版の『ハイデッガー全集』第一九巻、二六四ページ。
（2）ディルタイ「解釈学の成立」。邦訳は『ディルタイ全集』第三巻、法政大学出版局、八六五ページ。
（3）ルードルフ・マックリール『ディルタイ』法政大学出版局、三〇五ページ。
（4）ガダマー『真理と方法』。邦訳は『真理と方法』Ⅱ、法政大学出版局、四二二ページ。

第三三節

（1）ハイデガー『物への問い』。邦訳は『ハイデッガー全集』第四一巻、創文社、四一ページ。
（2）同。
（3）同。邦訳は同、四二ページ。
（4）同。
（5）プラトン『ソフィスト』二六二。邦訳は『プラトン全集』第二巻、角川書店、二九八ページ。
（6）同。
（7）同。邦訳は同、二九九ページ。
（8）ハイデガー『プラトンのソフィステー

ス』第八〇節。前掲のヴィットリオ・クロスターマン版『ハイデッガー全集』第一九巻、五九八ページ。
(9)同。
(10)プラトン『ソフィスト』二六三。邦訳は前掲書、三〇〇ページ。
(11)同。
(12)アリストテレス『命題論』第四章。邦訳は『アリストテレス全集』(旧版)第一巻、岩波書店、八九ページ。
(13)同。
(14)同、第五章。邦訳は同、八九ページ。
(15)アリストテレス『形而上学』第九巻第一〇章。邦訳は前掲書、三一七ページ。
(16)アリストテレス『命題論』第一章。邦訳は前掲書八五ページ。

第三四節

(1)丸山圭三郎『ソシュールの思想』岩波書店、九六ページ。
(2)同、一四五ページ。
(3)ハイデガー『現象学の根本問題』。邦訳は『ハイデッガー全集』第二四巻、創文社、三〇二ページ。
(4)ジョン・ロック『人間知性論』第三巻第二章。邦訳は岩波文庫、第三分冊、八六ページ。
(5)同。邦訳は同、八八ページ。
(6)同、第一〇章。邦訳は同、二六四ページ。
(7)同。
(8)ヴィトゲンシュタイン『哲学研究』第二部。邦訳は『ヴィトゲンシュタイン全集』第八巻、大修館書店、四四六ページ。

(9)近藤洋逸・好並英司『論理学概論』岩波書店、六九ページ。
(10)オースティン『言語と行為』坂本百大訳、大修館書店、一七二ページ。
(11)同、一七五ページ。
(12)フッサール『論理学研究』第二巻第一章「表現と意味」。邦訳は『論理学研究』第二分冊、みすず書房、三一ページ。
(13)同、第一章。邦訳は同、四七ページ。
(14)カッシーラー『シンボル形式の哲学』はしがき。邦訳は『シンボル形式の哲学』第一分冊、木田元訳、岩波文庫、九ページ。
(15)同、序論。邦訳は同、七九ページ。
(16)同。
(17)なおハイデガーは本文でほかに二つの「形式」の研究として「〈言明〉としての伝達」と「生の〈形式化〉」を挙げているが、これらについて考察したものとして、ヘルマン・アンマン(一八八五～一九五六年)の著作『人間の語り』(全二巻、一九二五～一九二八年)がある。これについては、ヘルマンの注釈書の一一二ページを参照されたい。ハイデガーは名前を挙げていないものの、この著作が念頭にあったのはほぼ確実であると、ヘルマンは主張している。
(18)フッサール『論理学研究』第二巻第四研究。邦訳は『論理学研究』第三分冊、みすず書房、一一四ページ。
(19)ハイデガー『ドゥンス・スコトゥスの範疇論と意義論』。邦訳は『ハイデッガー全集』第一巻、創文社、二〇四ページ。
(20)ハイデガー『時間概念の歴史への序説』。

邦訳は『ハイデッガー全集』第二〇巻、創文社、三三六ページ。

第三六節

（1）アリストテレス『形而上学』第一章。邦訳は『アリストテレス全集』第一二巻、岩波書店、三ページ。

（2）パルメニデス断片八。邦訳は『ソクラテス以前哲学者断片集』第Ⅱ分冊、岩波書店、八九ページ。

（3）アウグスティヌス『告白』第一〇巻第三五章。邦訳は服部英次郎訳、岩波文庫、下巻、七〇ページ。

（4）パスカル『パンセ』一三九。邦訳は前掲書、白水社、六八ページ。

（5）同。

第三八節

（1）『独和大辞典』（小学館）のverの項目から。

（2）ハイデガー『アリストテレスの現象学的解釈』。邦訳は『ハイデッガー全集』第六一巻、創文社、一五二ページ。

（3）ハイデガー『時間概念の歴史への序説』。邦訳は前掲書、三五三ページ。

（4）同。

（5）同。

訳者あとがき

ここに、現代思想の「地平」を作りだしたとも言われる二〇世紀最大の哲学書の一つであるマルティン・ハイデガーの『存在と時間』の第四分冊をおとどけする。

この訳書は全体で八分冊の構成である。この第四分冊は、現存在の世界内存在のありかたそのものを「内存在」という観点から分析した第五章での全体で構成される。この第五章はさらに、現存在の世界内存在の本質的なありかたを考察したA項と、現存在が日常的な存在として頽落《たいらく》しているありかたを考察したB項で構成される。

A項では第二九節から第三四節までにおいて、現存在を情態性、理解、語りという三つの等根源的なありかたから、詳細に分析する。とくに現存在がいかに気分的な存在として実存しているかを分析する「情態性」の考察は、それまでの哲学書において、知性や理性の観点を軸として人間を分析する傾向が強かったことを覆《くつがえ》すものであり、哲学に新たな考察の地平を提示したものとして注目された。

Ｂ項では第三五節から第三八節までにおいて、情態性、理解、語りという現存在の三つの等根源的なありかたのそれぞれにおいて、現存在がいかに日常性のうちに頽落しているかを分析している。この考察は、理性的な存在であることを自認していたはずの現存在が、いかに世人《ひと》の支配下に置かれているかを暴くものであり、社会学的な重要性もそなえている。

しかしハイデガーはここでたんなる社会的な分析を試みたのではなく、このような頽落したありかたを現存在の非本来的な存在様態とみなして批判的に考察している。本書の後半では、そこからの覚醒への道が模索されるのであり、それが現存在の時間的な存在のありかたに求められるようになる。

ハイデガーの『存在と時間』そのものについては多くの邦訳が出版されているが、本文に沿って詳しく解説した注釈書はあまりみかけないようである。そのことを考慮にいれて本書では、読みやすい翻訳を提供すると同時に、詳しい解説をつけることにした。

原文の翻訳では、段落ごとに番号をつけ、番号とともにその段落の内容を要約した小見出しをつけている。また段落内では自由に改行を加えている。これに合わせて解説では段落ごとに分析し、考察している。解説の目次にあたるところに示した小見出しに、原文の段落の番号を表記した。たとえば冒頭の「この章の課題」には（365〜366）と表記しているが、これはこの小見出しでは、段落365、366の考察が行われていることを意味している。原文を読んでいて道に迷ったように感じられたときには、その段落の解説を参照していただきたい。

原注と訳注はそれぞれの節ごとにまとめて示した。訳注では、【欄外書き込み】という見出しのもとで、ハイデガーが手沢本《しゅたくぼん》の欄外に書き込んでいた覚え書きを該当箇所に示している。この覚え書きは時期が特定できず、後期のハイデガーのものを含んでいる。ハイデガーが本書『存在と時間』の考察に批判的になった時期のものもあり、本書を理解する上で役立つのはたしかであるが、本書の内容への理解が、後期のハイデガーの示そうとする方向に引き寄せられる可能性もあるので注意されたい。

なお原文を参照しやすいように、ページの下の段に、もっともよく利用されているマックス・ニーマイヤー社の第一七版の原書のページ数を表記し、上の段にはヴィットリオ・クロスターマン社の『ハイデガー全集』第二巻のページ数を表記した。

＊　＊　＊

本書はいつものように、光文社古典新訳文庫の創刊編集長の駒井稔さんと編集者の今野哲男さんの励ましをきっかけとし、翻訳編集部の中町俊伸さんのこまやかなご配慮と、編集者の中村鐵太郎さんの細かな原文チェックを支えとして誕生したものである。いつもながらのご支援に、心から感謝の言葉を申しあげたい。

中山元

kobunsha classics
光文社古典新訳文庫

存在《そんざい》と時間《じかん》4

著者 ハイデガー
訳者 中山《なかやま》元《げん》

2018年4月20日 初版第1刷発行

発行者 田邉浩司
印刷 慶昌堂印刷
製本 ナショナル製本

発行所 株式会社光文社
〒112-8011東京都文京区音羽1-16-6
電話 03（5395）8162（編集部）
03（5395）8116（書籍販売部）
03（5395）8125（業務部）
www.kobunsha.com

落丁本・乱丁本は業務部へご連絡くだされば、お取り替えいたします。
ISBN978-4-334-75375-7 Printed in Japan

いま、息をしている言葉で、もういちど古典を

長い年月をかけて世界中で読み継がれてきたのが古典です。奥の深い味わいある作品ばかりがそろっており、この「古典の森」に分け入ることは人生のもっとも大きな喜びであることに異論のある人はいないはずです。しかしながら、こんなに豊饒で魅力に満ちた古典を、なぜわたしたちはこれほどまで疎んじてきたのでしょうか。

ひとつには古臭い教養主義からの逃走だったのかもしれません。真面目に文学や思想を論じることは、ある種の権威化であるという思いから、その呪縛から逃れるために、教養そのものを否定しすぎてしまったのではないでしょうか。

いま、時代は大きな転換期を迎えています。まれに見るスピードで歴史が動いていくのを多くの人々が実感していると思います。

こんな時わたしたちを支え、導いてくれるものが古典なのです。「いま、息をしている言葉で」――光文社の古典新訳文庫は、さまよえる現代人の心の奥底まで届くような言葉で、古典を現代に蘇らせることを意図して創刊されました。気取らず、自由に、心の赴くままに、気軽に手に取って楽しめる古典作品を、新訳という光のもとに読者に届けていくこと。それがこの文庫の使命だとわたしたちは考えています。

このシリーズについてのご意見、ご感想、ご要望をハガキ、手紙、メール等で翻訳編集部までお寄せください。今後の企画の参考にさせていただきます。
メール　info@kotensinyaku.jp

光文社古典新訳文庫　好評既刊

純粋理性批判（全7巻）
カント
中山元 訳

西洋哲学における最高かつ最重要の哲学書。難解とされる多くの用語をごく一般的な用語に置き換え、分かりやすさを徹底した画期的新訳。初心者にも理解できる詳細な解説つき。

実践理性批判（全2巻）
カント
中山元 訳

人間の心にある欲求能力を批判し、理性の実践的使用のアプリオリな原理を考察したカントの第二批判。人間の意志の自由と倫理から道徳原理を確立させた近代道徳哲学の原典。

道徳形而上学の基礎づけ
カント
中山元 訳

なぜ嘘をついてはいけないのか？　なぜ自殺をしてはいけないのか？　多くの実例をあげて道徳の原理を考察する本書は、きわめて現代的であり、いまこそ読まれるべき書である。

永遠平和のために／啓蒙とは何か 他3編
カント
中山元 訳

「啓蒙とは何か」で説くのは、その困難と重要性。「永遠平和のために」では、常備軍の廃止と国家の連合を説いている。他三編をふくめ、現実的な問題を貫く論文集。

善悪の彼岸
ニーチェ
中山元 訳

西洋の近代哲学の限界を示し、新しい哲学の営みの道を拓こうとした、ニーチェ渾身の書。アフォリズムで書かれたその思想を、肉声が音楽のように響いてくる画期的新訳で！

光文社古典新訳文庫　好評既刊

道徳の系譜学

ニーチェ
中山 元 訳

『善悪の彼岸』の結論を引き継ぎながら、新しい道徳と新しい価値の可能性を探る本書によって、ニーチェの思想は現代と共鳴する。ニーチェがはじめて理解できる決定訳！

ツァラトゥストラ（上・下）

ニーチェ
丘沢 静也 訳

「人類への最大の贈り物」「ドイツ語で書かれた最も深い作品」とニーチェが自負する永遠の問題作。これまでのイメージをまったく覆す、軽やかでカジュアルな衝撃の新訳。

この人を見よ

ニーチェ
丘沢 静也 訳

精神が壊れる直前に、超人、ツァラトゥストラ、偶像、価値の価値転換など、自らの哲学の歩みを、晴れやかに痛快に語ったニーチェ自身による最高のニーチェ公式ガイドブック。

読書について

ショーペンハウアー
鈴木 芳子 訳

「読書とは自分の頭ではなく、他人の頭で考えること」……。読書の達人であり一流の文章家ショーペンハウアーが繰り出す、痛烈かつ辛辣なアフォリズム。読書好きな方に贈る知的読書法。

幸福について

ショーペンハウアー
鈴木 芳子 訳

「人は幸福になるために生きている」という考えは人間生来の迷妄であり、最悪の現実世界の苦痛から少しでも逃れ、心穏やかに生きることが幸せにつながると説く幸福論。

光文社古典新訳文庫　好評既刊

存在と時間 1

ハイデガー
中山 元 訳

「存在（ある）」とは何を意味するのか？　刊行以来、哲学の領域を超えてさまざまな分野に影響を与え続ける20世紀最大の書物。定評ある訳文と詳細な解説で攻略する！（全8巻）

存在と時間 2

ハイデガー
中山 元 訳

第二分冊では、現存在とは「みずからおのれの存在へとかかわっている」存在者であり、この実存の概念としての各私性、平均的な日常性、「世界内存在」について考察される。

存在と時間 3

ハイデガー
中山 元 訳

デカルトの存在論の誤謬を批判し、世界の世界性を考察するとともに、現存在が共同現存在であること、他者とは誰かについての実存論的な答えを探る。（第1篇第27節まで）

ソクラテスの弁明

プラトン
納富 信留 訳

ソクラテスの裁判とは何だったのか？　ソクラテスの生と死は何だったのか？　その真実を、プラトンは「哲学」として後世に伝え、一人ひとりに、自分のあり方、生き方を問うている。

論理哲学論考

ヴィトゲンシュタイン
丘沢 静也 訳

「語ることができないことについては、沈黙するしかない」。現代哲学を一変させた20世紀を代表する衝撃の書、待望の新訳。オリジナルに忠実かつ平明な革新的訳文の、まったく新しい『論考』。

★続刊

傾城の恋／封鎖　張愛玲／藤井省三・訳

離婚後、没落した実家に戻っていた白流蘇。異母姉妹の見合いに同行したところ、英国育ちの華僑の青年実業家にひと目惚れされてしまう……。被占領下の上海と香港を舞台にした「傾城の恋」など5篇からなる傑作短篇集。

八月の光　フォークナー／黒原敏行・訳

お腹の子の父親を探して旅する女、出生の秘密を抱えた労働者、社会から疎外された牧師、各々の人生が絡み合うように語られ、一つの物語に収斂していく。孤独、人種差別、愛と暴力が渦巻く、二〇世紀アメリカ文学の傑作。

奪われた家／天国の扉　動物寓話集　コルタサル／寺尾隆吉・訳

古い大きな家にひっそりと住む兄妹をある日何者かの物音が襲い、二人の生活が侵食されていく「奪われた家」。盛り場のキャバレーで死んだ恋人の幻を追う「天国の扉」。ボルヘスと並ぶアルゼンチン幻想文学の代表的作家コルタサルの傑作短篇集。

kobunsha
classics